CARE
Good Care ,
Good Living

CARE
Good Care,
Good Living

CARE
Good Care ,
Good Living

care 38
男人的情字這條路

作　　者：羅秋怡
責任編輯：劉鈴慧
美術設計：何萍萍
封面設計：張士勇
校　　對：陳佩伶
法律顧問：全理法律事務所董安丹律師
出 版 者：大塊文化出版股份有限公司
　　　　　臺北市10550南京東路四段25號11樓
　　　　　www.locuspublishing.com
讀者服務專線：0800-006689
TEL：(02) 87123898　FAX：(02) 87123897
郵撥帳號：18955675
戶　　名：大塊文化出版股份有限公司
版權所有　翻印必究

總 經 銷：大和書報圖書股份有限公司
地　　址：新北市新莊區五股工業區五工五路2號
　　　　　TEL：(02) 89902588 (代表號)　FAX：(02) 22901658
製　　版：瑞豐實業股份有限公司
初版一刷：2015 年 9 月
定　　價：新台幣 300 元
ISBN：978-986-213-623-2
Printed in Taiwan

男人的情字這條路

作者：羅秋怡

目錄

序

有情人間

陳孝昌

長春藤賓州大學系統管理博士

前 IBM 大中華區成長型企業解決方案總經理

　　說起情愛，我沒有太多發言餘地，已被老婆認定是個沒感情動物，一點同理心都沒的壞蛋。其實，這一切都要追溯到原生家庭的影響。我老爸教我的事還真多，但就缺了如何和配偶相處這事兒，阿公那一代更是如此！所以有些事，小時候就一定要把習慣養成，不然一輩子無法超生，現在的我，只能在不停的道歉中度過，並且是發自內心的懺悔。

　　身處諮詢顧問這個行業，總是白天當顧問，晚上寫教材，外加一直受到客戶、同事的重視，所有當顧問的人應該都頗為自我中心吧！但也有些無法改變的因素，譬如說「離家在外」便是基本的常態；這種不健康的生活型態，使得顧問業在歐美的離婚排行榜上一直居高不下。主要是因為夫妻相隔兩地，偶爾見面話題卻可能南轅北轍、風馬

牛不相及。在離家的日子，都是老婆照料家裡的所有大小事，我的參與不多，有時感覺自己好像就是個局外人，心裡總覺得不安，也覺得虧欠。

外加本人被算命的師父和好友皆稱爲「五個腦袋、六頭馬車」，腦中無一刻安靜，恍神機會高達普通人的數倍。幸好反應算快，又會捉話尾，和人交流，一般問題不大，但和老婆大人溝通則有差距，因爲「交流」和「溝通」是廣度和深度的對比。心猿意馬、天馬行空對外人可以，但對親密愛人是遠遠不及。所以必須承認，我對老婆的回話態度，是個很大的問題，所以勇於道歉是絕對必須的。如何和配偶相處、長期相隔兩地、很難專心聆聽老婆大人訓示，這三件事總結下來，是自己在感情經營與婚姻路上，得要面對的課題，且須時時審慎度量，否則踩了老婆大人的紅線，善後，一點都不好玩。

秋怡是我在美國讀書時的學妹，也經常幫忙分析我家裡的問題，她是我的家庭心理諮商師，我則是她的商業引導師。這十幾年來，看到她的成長，以及想要改變心理諮商行業的雄心壯志；相對之下，我老是東跳西奔，不如她一門深入。她和她老公莊博士，熱心幫忙我們處理親子關

係、小孩過動、我與親人相處方式……等問題；對我在理論及心靈層次上都有極大幫助。心理醫師或諮詢師，涓滴點化是好，有人用的是雲淡風輕，有人用的是怒目金剛等不同「法門」。但是，不明瞭、想不清楚的，離開診所後，依舊困惑，只能說造化有時，要有耐性，先自助而人助，真是外求不得啊！

最近帶母親到四川九寨溝遊覽，和友人深入滇南無量山採茶，這兩個風景區皆地處少數民族居住區域，四川是藏族和羌族，雲南的少數民族種族更是複雜。這些少數民族的共同點，就是極大部分都是母系社會，藏族是一妻多夫，男人平時泡茶聊天，少幹粗活，也不做家事。據說西雙版納年輕姑娘的平均美貌，勇冠中國，但千萬不能結婚，一旦喜事發生，彝族姑娘無一倖免，三十歲的少婦長得像六十歲的姥姥。

在昆明時，我存疑思索，這些少數民族是否也有家庭問題？是否大部分「男歡女愛」是男系社會的產物？生長在這些地區的女性們，怎地這麼不公平的劬勞一生？又怎麼此般幸運，一妻多夫！一方面也感觸這地區男人們，就生活能力來看，也太沒用了；另一方面覺得女人們應該學

學我老婆，勇敢的大聲警告：「你再這麼無賴，老娘我，就不幹了！」西雙版納的年輕姑娘情愛之事，應比漢族少很多吧？她們一切逆來順受，聽天由命。我也不明白為什麼少數民族中，多數仍舊保存了母系社會，是不是因為女性愛管事、母性強？在少了禮教約束的地方，冥冥之中就由女性來統治了。再則，是不是高學歷也是情愛的一個障礙？這點在這本書中彷彿就是一個通例。也許，當「單純」能變成一種完美的態度，這些少數民族的幸福指數，肯定比臺灣人高。

本書中〈蕾絲邊〉這篇是我感受最深、最感慨的故事，因為故事的主推手，由男變女。琇筠總讓我聯想到《一代宗師》裡的宮二小姐——「念念不忘，必有回響」啊！琇筠和宮二小姐都是起頭勇氣十足，終了情盡無痕。從秋怡的書中，每個故事，我或多或少都好似發現自己的影射，不一樣的是，我不像故事主人般「執著」，我的心裡有個平衡器，知道該如何、在哪個時候走出一條心理相對的健康道路，把不滿的情緒，包括憤怒、疑慮、悲傷、膽怯、猜忌，發散出去。

每個人都有自己的故事，勇於面對是對自己最基本的

交代，當然，這點要靠長期的自我訓練，外加優秀心理師
的引導。讀者朋友讀過這本書，相信將可以更有智慧地面
對自己的感情事，從此之後，有情人間，自然溫馨如春暖
花開！

男人情感生活的三位老師

陳韺

臺北市教育局教師中心教師諮詢專家

華人心理治療研究發展基金會婚姻家族治療師

在超過 35 年的諮商生涯中，接觸過無數的伴侶困境，家家問題不同，但歸納起來，男性面對情感的路真的比女性更加困頓；可是也不必絕望，男性也並非沒有機會走好感情這一條路。

談起男性的情感生活，這一輩子中，男人其實有三位老師：

第一位老師

讓男人們開竅的老師，其實不是同儕，也不是他的父親，更不是他的初戀情人，而是男人的媽媽。

英國兒童心理學家、精神分析學家 Winnicott 曾經說過，媽媽的臉彷彿是男孩的鏡子，如果鏡裡的媽媽沒有表情，男孩就只是看一面鏡子，卻無法照見（我）自己。這

裡所說的母親，係泛指主要照顧者，她可能是男孩的母親、祖母或是奶媽，只要是男孩所認同的「母親」。

男孩母親的照顧品質，究竟是關注同理的，還是輕忽大意的，或是緊抓不放，或是矛盾不一，都將決定男孩未來人際間的親密依附模樣。男孩如果從媽媽身上取得撫慰與同理心，這將是男孩的「人際信任」以及「自我信心基礎」的來源；媽媽提供的穩定照顧，讓男孩有信心往外拓展，遇到挫折回頭時，仍將擁有足夠的情感連結與安全感。因此有了母親這個安全基地，這個安全港灣，於是男孩學會與人連結，同時培養自信。

第二位老師

是父母之間的相處。

男孩藉由父母間的關係，學會親密關係，學會兩性相處。父母之間的互動，是男孩第一個親密參考樣本；他學會什麼是男人，什麼是女人，男女如何相處關係，何謂親密。他甚至發展出相反態度：「我絕對不要這樣。」因此男人就在這種理想與現實差異中，不斷拉扯。

華人社會中，父親經常扮演缺席的角色，因此造就男

孩多半照顧母親的情感，來替補爸爸的位置，形成「母子連心，世代融合」的現象。當男孩成為父親時，因他的心仍留給他的母親，於是不知不覺又變成疏離的爸爸。而家裡的太太因照顧著兒子，媽媽的辛酸與孤單又傳給兒子。

　　兒子吸納回饋母親的疼愛，也把自己的心送給了媽媽，而影響他未來成年後的親密關係。如同本書〈再說、再說〉這篇故事，程遠只能當優秀的兒子，而不是有擔當的父親，傳達代代相傳的母子融合現象，除非及早發現，否則又再度陷入這個不健康的融合與世代傳遞之中。

第三位老師

　　是男孩往成熟自主的道路發展時，與他人所建立的親密關係。

　　當男孩長大後一方面想要獨立發展自我，另一方面卻想要尋找愛情依靠。在這追求過程中，男人可能進入另一個新的轉變，在這來來回回的相處中相互磨合，覺察自己、認識他人並發展出親密關係，他也許有機會克服前面兩個老師所給予的不安，療癒男孩的自我信心與信任他人。

　　詩人葉慈說：「因生命的苦難讓心變大；雖愛卻失戀，總比沒愛過好！」所以男人不妨勇敢地去充實感情生活，學會與人連結，跟自己和好。在這個過程中，若願意利用輔導諮商專業，將是一種促進成長的契機。不論採取個別、婚姻伴侶，或家族關係形式都好，特別是邀請親密的伴侶或家人一起參與，一起交流協商，重新詮釋相處經驗，相互確認，更新情感，將可能走出一條全新的親密之路。

　　這本書是秋怡努力投注心力，在婚姻家族治療的心得與過程，我勉勵她繼續，同時造福更多婚姻與家庭、扶持在愛的道路上跌跌撞撞的人；祝福讀者朋友，都能邁向更圓融關係的愛之路。

沒有編入課綱的
情愛危機處理

羅秋怡 / 自序

　　這兩年，接連發生轟動社會的情殺案件，紛紛跌破大眾的眼鏡，他們手法慘烈殘酷，令人憂心的是，這類個案發生頻率，恐怕逐年增加。其中呈現的是文化、社會教育整個系統，普遍爲情所苦的困境，情緒到達崩潰之前，無法求助紓解，情感失能、走投無路，已經跨越了學歷、年齡與社會階層。

　　大部分人在求學過程中的 9-20 年精華時間，讀書考試佔去大部分，青春期開始對愛憧憬，順理成章就談了戀愛、結婚、生小孩，看似一切都有了，卻在某時刻，被外力介入，看似美好的關係，扭轉不回，甚至無助的以破壞生命終結，這才驚覺自身缺乏情緒、愛情、情感經營的體察與認識。

　　如何處理自己跟別人的感情，遠遠不是外在可以標籤

的程度，我的意思是，感情路上，絕非是從小第一志願的人，他的感情也如學業成績──努力想要，就一定能要得到！感情的事，也不是俊男美女、多金專業人士，比較能信手拈來；看似人生勝利組的這些朋友，失去愛情的那一刹那，有沒有足夠的調整能力，才是人生狠摔一跤後，能坦然再起的關鍵。

　　男女關係的兩性相處之道，或許從條件相當、一時迷戀、化學作用產生的激情作為起點，之後的最後目的，兩人要開啓的人生旅程，是眞心誠意的要跟另一半攜手同老嗎？還是有個伴同進同出就好？還是相逢自是有緣、緣盡就好聚好散？相遇相戀，誰又知道彼此是不是「對的人」出現在「對的時間」？

　　這些很難去神準掐指一算的情事，有沒有可能早一點被調教、被提醒，被訓練呢？若是兩人中途不順了、摩擦迭起，彼此是否願意調整方向，再重新認清自己所要的，是不是就是眼前的對方？請別想不開，對自己或對方過度嚴格，只給彼此一次機會，沒有人天生就知道，感情要怎麼處理才圓滿婉轉，眞的。

　　愛情常使人深陷其中難以自拔，而從小我們的父母或學校教育，也沒好好教我們怎樣面對感情、好好了解情愛世界中，可以甜蜜纏綿、浪漫盈懷，但糖衣之下，也潛藏著驚濤駭浪。逃生技術不好，是有可能會被吞噬滅頂的。

　　就好像大家都知道，車子開在馬路上，駕駛要先上課，通過筆試、路考，拿到駕照後，開車還是得遵守交通規則；若是隨興橫衝直撞，既害己又害人。我們的求學過程中，太過重視認知教育，對於感情的情緒處理，幾乎是不聞不問的。長年下來，課業上的資優生，未必是修戀愛學分的資優生，這不編列於課綱之中，學測不考、沒人重視的情感世界，要如何才能從摸索中、避開傷害的學習？

　　特別是知識份子受困於愛情，反撲力量變成了一不做二不休的兇殺！20 年前有清大研究生洪曉慧因與同窗好友同時愛上學長，竟然殺害了同窗好友，並使用學校的實驗室材料王水來毀屍滅跡，被判 16 年有期徒刑外，同時得付出高額的民事賠償 2417 萬元。2014 年 9 月，擁有建中、台大高學歷的會計事務所審計員張彥文，當街殺害要跟他分手的 22 歲、任教於大學附設幼稚園的女友 47

刀,當街被逮捕,檢察官求處死刑。2015 年 4 月,高雄
醫學院醫學系學生黃靖亞,為情殺害同班劉姓同學後,又
在住處燒炭自殺,留下被追求沒幾天的女同學,情緒驚嚇
過度,難以平復。看他們把戀愛談成這樣血淋淋,感情的
交往、磨合,不是考試,有讀、有努力,就可以獲得人家
愛你,願意與你永結同心。

　　沒有編入課綱的情愛課程,太多人是要在歷經失敗,
苦苦掙扎後,才回頭開啓學習的意識。失敗傳遞的經驗訊
息,包括不夠認識自己、對方;每個人都有他的情緒地
雷;每個人在不同階段時有不同需求⋯⋯這些都不是一成
不變的。一開始是兩個人單純的男歡女愛,但當須面對家
族成員的加入,人多口雜的是是非非,關心與界線,當中
必定經過很多的挑戰與退讓⋯⋯唯有耐心的加強溝通,才
能找出和平相處的方案。

　　過度的堅持執著,要對方全照自己的意思配合;過度
的監控限制,都成了日積月累埋下的不定時炸彈。自小被
教育男人就是要有氣魄、有淚不輕彈,即便內心即將失控
的人性黑暗面已蠢蠢欲動,甚至殺機翻騰,也拒絕面對與
求助,始料未及的剎那間衝動,將如骨牌效應般一發不可

收拾，再多的道歉、遺憾、懊悔，追不回也彌補不了什麼。

　　華人的男性，自古受到社會文化壓抑，天生不善疏通情感上的挫敗，若再加上寵愛兒子的媽媽，從小呵護備至，當有另一個女性介入這親密關係時，才讓男人猛然發現夾在兩個女人戰爭中如陷泥淖，難甩脫也難逃躲。很多男性朋友可以在事業上叱吒風雲，但卻不知如何與另一半交心，誤解叢生。身為男性，怎麼知道，我夠不夠了解自己，知道什麼是自己所要的呢？

　　一般父母從小對兒子望子成龍，過度重視功成名就，忽略了情緒的處理也會關係著人生的幸福美滿與否。當上一代的惡習，被下一代認為理所當然的複製了，要如何擺脫這種惡性循環的命運？有樣學樣的自認沒有犯錯，怎知對方會有不能接受的怨懟呢？華人的家族力量大，婚姻不是兩個人的事，家族成員該有分寸的別窮攪和，除非你不想他能擁有屬於自己樹大分枝後的幸福。

　　職場工作可以退休，但家人關係無法跟著退休，怎麼跟老伴相處，也是人口高齡化後必須正視的課題。從數十年的蜻蜓點水模式，到退休後的朝夕不離相處，幾十年的

夫妻親密關係，是否早因作息的不同步而有落差距離？這些不知從何說起，該如何解套？

　　我從事心理師工作 25 年來，融合社會觀察、工作現場與生活經驗，集結 18 個故事與讀者朋友分享，爲了自己的人生、爲了下一代能有正確的感情認知，我們該及早重視情緒與感情的教育；特別是一直被要求要「勇敢」的男性們，尋求諮商，眞的，不是弱者的行爲！

　　謹以此書，
　　獻給讀者朋友們，
　　都能在情字這條路上，
　　幸福前行！

第一章

追女生這件事

對男人來說，心儀女孩追到了，這不過是走了 10％
的情路、踏入門檻而已；男人們似乎都把 90％的追求愛
情力氣，用在 10％的入門上，結果在日後長時間的相處
經營，後繼無力了！

攻城

不苟言笑、舉止一板一眼的李偉翔，48 歲。

30 歲那年應聘回國，頂著正夯的科技新貴頭銜，對這人人稱羨的兒子，李媽媽憂心忡忡：這內向、只會埋頭苦讀、不善交際的兒子，竟然終身大事沒半撇。

從三個姊姊到所有談得上交情的親朋好友，李媽媽通通掃過多次，央求幫忙介紹女孩相親外，總特別交代：「我家偉翔很優秀，沒點根底的女孩怎麼配得上？要介紹給我家偉翔的女孩，至少要大學畢業，有沒有碩士、博士學位不要緊，女孩子書念太多，意見太多，也是麻煩。當然身家一定要清白、健康要好，千萬不能有什麼家族遺傳疾病，這點一定得多打聽打聽，我可是要子孫一代比一代出類拔萃。」

在李媽媽「把關從嚴」之下，偉翔的相親對象女孩總

不脫老師、律師、會計師、醫師、工程師。對老師，李媽媽會補充：「最好是教英數理化的，這樣小孩基因先天就比人強，以後光是補習費，就能省不少呢！」至於醫師，李媽媽會特別青睞小兒科、內科：「最好是在大醫院任職，不說別的，萬一將來小孩不舒服、家裡有人生病要住院什麼的，至少喬病房就安了。」

這十多年來，三百多次豐富的相親經驗，並沒有讓偉翔越來越接近「可以結婚」的目標。每逢李媽媽下詔：「過幾天，有 XXX 介紹的相親宴。」偉翔便開始緊張，因為每次飯局結束，偶有偉翔覺得可交往試試的，在李媽媽審核下，總嫌不夠優秀，總有可挑剔之處。「別愁眉苦臉，這相親呀，就是多選多挑，反正我家偉翔優秀，還怕沒對象可選吶？」

偉翔 35 歲前。

「到底是小弟要結婚還是媽要結婚？」

「偉翔從小都聽我的，他今天能在工作上順心如意，不用看人眼色，還不是我的功勞。娶妻這種人生大事，我怎麼可能隨便將就？偉翔你自己說，媽從小幫你拿的主意有錯過嗎？」

偉翔毫無異議的猛搖頭。

偉翔年過 40 歲。

「媽，妳兒子都四十不惑了，還管這麼多啊？」

「妳們這些嫁出門的女兒懂什麼？偉翔太太娶進門，要朝夕相處的人，還有我耶，當然要我看順眼。」

光陰似箭日月如梭，偉翔過了 45 歲生日。

「偉翔快年過半百了，媽妳這是在耽誤他！妳不怕將來媳婦會和妳有代溝喔？」

「那又怎樣？我家偉翔是知名大企業的執行副總，有錢、有權、有勢，這樣男人的年齡誰在乎？就像是好酒沉甕底，值錢！只要我看得上，覺得她能配得起偉翔最重要，反正年輕女孩能生沒問題，至於代溝？我是婆婆耶，沒在怕的啦！」

在諮商室。

我問偉翔：「這些相親經驗，你自己的感覺呢？」

「當老師的女孩是很好，但是她們講話口氣，似乎總把我當學生看，我不想被唸一輩子。當律師也不錯，但我擔心她們太會算計，日後萬一婚姻失和，分手會被她告到扒掉很多層皮。至於若能娶醫師，如果家人生病是很有保

障，不過，我其實滿怕髒的，我也怕她會從病人身上帶什麼病菌回家，不知道會不會害家人傳染到什麼病。」

「你有沒有在進一步交往後，對從事這些職業女生的疑慮，有所改觀？」

「進一步交往？相過親，感覺還好的，大概頂多吃過兩三次飯吧，我想還是先算了，與其事後發現不和有爭執，如果已經放了感情下去，自找麻煩，何不一發現對她沒什麼把握，就直接收手。」看來偉翔，果然是李媽媽親生的，也很會算。

「既然如此，繼續相親的意義在哪裡？」

「我已經快50歲了，我媽年紀也大了，我是她一生引以傲人的兒子，我媽過了年就80歲了，我當然希望能給我媽一個交代，讓她能看到我成家，甚至能抱到孫子。」

講到媽媽時，偉翔眼眶泛淚：「從小我愛念書、功課很好，常常拿獎狀，媽媽很以我為榮。可是我家世代務農，家境不怎麼樣，和祖父母、大伯二伯幾家人擠在祖厝生活。升國三那年，颱風一個接一個，水田、果園的收成全毀了，阿公流著淚說男孩要去學做工，有一技之長才有

前途，才強過看天吃飯。我爸也這麼認為，說百無一用是書生，國中畢業就要我和堂哥一起去學手藝。還好我媽堅持不肯，說不管我念到多高，學費都由她想辦法，我爸還出言諷刺，說他就看我能讀多高，將來能多有出息？我媽能有多少能耐，籌得出這一筆學費。結果我媽白天照做農事家務，夜晚接加工來做，拚命賺錢供我升學；我能出國留學，第一筆錢，就是她辛辛苦苦了十幾年，攢下的私房錢。」

　　原本，我對李媽媽娶媳婦的自以為是心態有些反感，聽偉翔這麼一說，心裡還是佩服她「為母則強」的努力。

　　「我父母感情並不好，小時候媽媽陪我睡覺，她總唸給我聽，古人講嫁娶要門當戶對不是沒道理，等進了門才發現彼此有很多看法不一樣，大家都痛苦。她就搞不懂，兒子有天分不栽培好好讀書，將來怎麼出人頭地？」

　　幾次半夜醒來，偉翔看著昏暗燈光下，媽媽眼睛幾乎貼著手中的活埋頭拚命做，偉翔總偷偷抹著淚，發誓長大一定要給媽媽好日子過，只要媽媽高興，什麼都聽她、依她，只要能報答媽媽為他吃這麼多年的苦。

　　「快二十年了，難道你媽媽挑媳婦的標準，都沒放寬

過嗎?」

「老實說,有!以前要才貌雙全,要有社經地位。現在只要不超過 35 歲,身心健康、還能生;身高體重長相別太離譜、有穩定工作,我媽都可以接受。」偉翔抬頭苦笑:「反倒是我自己,顧慮多了,妳想啊,現在能生的女孩,都小我十歲以上,擔心和我媽沒話說、處不來。有專業之長的女生,雖然獨立自主,但應該也沒時間多陪陪我媽媽吧?結婚這件事,反而是媽媽勸我,感覺喜歡就好,不要顧慮那麼多,再挑下去,怕沒時間看我成家,抱孫子。」

「從年少到現在,都沒女孩讓你怦然心動過嗎?」

「當學生時,一心為媽媽爭口氣,念書之外,幾乎沒參加過任何團康活動;出了社會,當然不服輸,拚工作表現。相親呢,每次我都是以結婚為前提來看對象,要能吃苦耐勞、要生活樸素,碰到太會打扮的女生,我會先打退堂鼓;重點要能對我媽百依百順,娶妻娶德不是嗎?女朋友嘛,我還真沒主動交過。」

原來,偉翔攻不進婚姻的城堡,在李媽媽的「嚴選」外,自己也有著不自知的「設防」,關關卡卡下,婚姻大

事終究被蹉跎掉了……向來考試都無往不利的偉翔，哪知婚姻不是一個人片面、想當然耳的去定個標準；更何況，感情或婚姻的經營，不是一板一眼的去拆解或寫個方程式，沒有真心誠意的相依相惜，怎麼可能一起走人生路，攜手到白頭呢？

　　為了出人頭地，努力奮鬥，認真讀書，是多數聽話、不忍拂逆父母殷殷期許的孩子們，從小的自我要求。應付考試是個人的天分，加上努力就可以準備好的。但是婚姻不是一個人自己就可以規劃的事。

　　社會心理學家 Robert Sternberg 於 1988 年提出愛情三角理論，分析愛情的結構，完滿的愛具備三個元素：親密、激情與承諾。三者最好都具備，永保幸福：

　　親密，指的是彼此很熟悉、很了解。

　　激情，指的是情人眼裡出西施，有火花，彼此能產生「化學作用」。

　　承諾，願意為了對方許下諾言，並實踐。

　　三者具備，伴侶感到愛是充實完滿，反之某項多某項少，不同比重就會形成不同類型的愛，例如，親密不足，

激情很多，彼此也沒有承諾，像是一夜情的模式。有親密感，激情不再，仍有承諾，是彼此作伴。既不親密，彼此也沒有激情，卻有著承諾，這樣的愛是很空虛。

從生理學角度分析愛情的化學作用是「愛情荷爾蒙」的產生，熱戀中的男女，大量分泌催產素，大腦產生極高的多巴胺和正腎上腺素，加上較低的血清素，使情慾增高，感覺變得很敏銳強烈，陷入對對方的渴求神魂顛倒，擋都擋不住。

人類學家 Helen Fisher 認為愛情歷經三個階段：情慾、浪漫，與依附：

情慾，產生驅力想去認識喜歡的對象，進一步發展。

浪漫，期待與對方隨時隨地在一起，時時思念，沉溺在戀愛的甜蜜中。

依附，跟對方維持長久關係，一起建立家庭，生養下一代。

正因愛情來時，人們一時還昏頭昏腦，喜歡或愛傻傻分不清楚，到底是情慾，還是愛上了的感覺，真的是想要跟對方一輩子走下去嗎？更需要一點時間多感覺與認識。等三個月強烈的情慾退燒後，再三個月的認識，比較能夠

了解彼此是否適合，再經過六個月的相處與磨合，更能清楚肯定彼此是否要攜手共度。

　　偉翔在還沒有熟悉對方，也還沒看對眼，就以結婚為前提算計，不要說他自己感覺犧牲很大，若是女性被他相中，想要省去探索過程，也不管感覺，培養熟悉度，就直接進入終身大事，何嘗不是一大冒險。使用古時候相親的方式，只是一個認識對象的開始，仍不能省去認識與磨合階段，更不需要把對象的履歷，當成另一種考試的成績。

　　偉翔特別要求完美，害怕失敗，轉成挑對方的缺點，挑得越多，看似明察秋毫，卻也讓自己越不敢投入交往的開始。失敗全建立在想像中，才是真正的損失。

　　親密關係，要面臨認識了解，投入，處理差異，克服差異，沒有開始，沒有失敗的機會，當然也沒有任何的學習與獲得。這是很多人生勝利組的資優生們，很難承受沒範圍的考題。

啊我咧

　　阿成從小就胖，小學六年級時已經 75 公斤。

　　身為長孫的阿成，從小阿公阿嬤帶，老人家總說：「能吃才是福！」所以一天多餐拚命的餵養，希望阿成能長得又高又壯。凡有新鮮的零食、飲料上市，只要阿成開口說想吃，阿公阿嬤不但都會買給他，還一整箱的買，讓阿成吃個痛快。等要上小學前回到父母家時，阿成已經比同齡小孩超重 10 公斤了。

　　阿公阿嬤掛念阿成，常到兒子家小住，阿成媽媽要阿嬤給阿成吃東西要有所節制：「囝仔人愛健康，呷飯要照三頓。」說歸說，只要爸媽早出晚歸的忙，一不在身邊，阿公阿嬤就帶著阿成逛夜市、吃宵夜。

　　上小學後，阿嬤說：「小學不比幼稚園，有點心可以止饑，阿成書包裡，要放些零食麵包，別去餓到才好。」

只要阿公阿嬤來，阿成就有吃喝不完的東西，越來越圓滾滾的阿成，讓阿公阿嬤大有成就感。阿成書包裡的零食，在大方分享下，班上人緣超好。

當大家升上高年級，似懂非懂的在乎起外貌後，阿成開始被跟他不對盤的同學叫起不好聽的綽號：「阿肥仔」，被男生這樣叫，阿成會嗆聲：「我就是愛吃能吃，你行嗎？」可是被女生叫「阿肥仔」時，阿成有了自卑感。雖然是有想要節制一下口腹之慾，可是當阿公阿嬤端出美食，阿成毫不多想的就投降了。

爸媽要阿成減肥，誰有空晚上就陪阿成去運動快走或跑操場，沒幾次阿成就嫌累了，抓著阿公阿嬤當擋箭牌偷懶。阿嬤會不高興的跟阿成媽說：「阮孫有吃福，要呷就乎伊呷，阮厝是讓他吃不起喔？」媽媽很不高興，因為阿成體重直逼破百。

國中後，阿成因為龐大噸位，跟活潑好動的同齡同學玩不起來，但源源不絕的零食和好客分享，阿成看起來好像朋友很多，其實談得來的不多。等上高中，已經破百的體重，使他運動一下就氣喘吁吁，反正有阿成在，大家就有東西可吃可喝，倒是明明胖到離譜，反而喊他「阿肥仔」

的同學沒有。

　　上大學後，阿成發現，怎麼男生女生都當他是「哥兒們」？男同學跟在阿成身邊，隨時有牙祭可打，這種吃吃喝喝關係的哥兒們，阿成從念小學就懂；可是女生當他是哥兒們，卻說是因為阿成會招呼人、照顧人，看起來「很安全」，像大樹一樣的讓人可以依靠。但怎麼就沒女生想要阿成當男朋友？這點讓阿成常暗自感慨不已。

　　眼看同學多半有了各自的男女朋友，阿成心裡好生羨慕，想起參加社團認識的玉婷跟他最麻吉，好到無話不說，連心事都大方分享。只是每次見面，大部分都是阿成插不上話的聽，玉婷口沫橫飛的說。玉婷有心儀的對象，常掏心掏肺的說給阿成聽，還問阿成的意見；這樣的「約會」，讓阿成心裡五味雜陳。

　　從認識玉婷到現在，她的男朋友換了好幾個，但這次玉婷竟然為新交的男友腳踏兩條船而割腕。阿成很心疼，陪玉婷的時間變多了，即便有時忙沒見到面，晚上 line 也聊到玉婷睏到不行才離線。兩三個月下來，阿成不但當軍師，更像陪伴療癒的靈魂伴侶，有一天，玉婷不禁感動的握著阿成的雙手：「我的男朋友，如果有人像你這樣就

好了。」

　　阿成聽得飄飄然，但他沒有交過女朋友，玉婷的這話，是在暗示阿成被考慮列入男朋友人選了嗎？玉婷毫不避諱跟他走在一起時，大方挽著阿成，有時還會撒著嬌、親暱叫他：「厂ㄡˇ 你這死胖子呦！」跟以前叫阿成死胖子的口氣完全不同；而且，最重要的是，玉婷從沒有嫌他吃多少東西，從沒叫他減肥。

　　阿成覺得玉婷太體貼了，簡直是天上掉下來的禮物，阿成開始看些女孩的流行資訊，花心思買這買那裝點玉婷行頭，看玉婷收到禮物的雀躍，阿成覺得公主和王子，將展開羅曼蒂克的美好將來。阿成暗自盤算著什麼時間安排見雙方父母？阿公阿嬤是北上好？還是該帶著玉婷去拜望老人家？這輩子，玉婷就是他的唯一，能多寵多愛，當然就得多寵多愛些嘍！

　　中午玉婷 line 說：簽了外宿，晚上你家見。

　　阿成一看心裡小鹿亂撞，莫非美夢成眞？下午二話不說蹺課，忙把房間好好打掃又整理了一遍，買了玉婷愛吃的零食、滷味、飲料，把冰箱塞滿，希望玉婷今夜留宿，是開心、美好、難忘的。阿成超感謝阿公阿嬤的慷慨贊

助，讓他能自租套房，這時要是有個室友同房，豈不礙事極了？

　　晚上快十點，玉婷來了之後，神色古怪，說沒兩句話，手機響起，玉婷只管背對阿成，手摀著話機，時而嘀嘀咕咕、時而唉聲嘆氣、時而哽咽哭泣。阿成看傻了眼，仔細聆聽，發現來電的是玉婷前男友之一，只是片刻間阿成猜不出是哪一個。

　　說不出的五味雜陳，阿成不解，從割腕之後，玉婷像溺水之人一般，緊緊攀著阿成宛如浮木；連要吃什麼、這樣穿好不好看？事事都問阿成意見。可是今晚，是玉婷主動說要來找他、要來住他這；怎麼又跟哪一個前男友藕斷絲連的談起判來？看著桌上堆滿的零食、玉婷愛喝的飲料，她連動都沒動，甚至連看都沒多看一眼吧？阿成真想鼓起勇氣，叫玉婷出去，他好累好累……

　　阿成手機響起，班上的麻吉小楊說剛從夜市出來，幫阿成帶了宵夜又買了兩瓶啤酒，要過來找他。阿成趕快說好，心裡直謝小楊這救兵來得真是時候。玉婷依舊窩在角落，夾雜著笑聲，手機講得渾然忘我，阿成為自己天真的一廂情願感到心酸悲哀。

　　小楊一進門看到玉婷：「嘿嘿，不好意思，看來，我來得不是時候。」放下手上東西轉身要走的小楊，被阿成一把拉住。

　　結束通話的玉婷，若無其事的瞪眼小楊：「想哪去了？不過悶得慌，找阿成來訴訴苦、倒倒垃圾。」這才看到滿桌自己愛吃的零食、飲料，玉婷樂得招呼小楊：「哇，全都是我愛吃的，小楊快開啤酒，等下若喝不痛快，叫阿成去樓下超商再買幾瓶，今晚心情特好，不醉不歸。」

　　看玉婷和小楊東拉西扯聊得很愉快，一點都看不出兩個人之前只是點頭之交，被晾在一邊插不上話的阿成，只能悶頭一直吃一直吃……被當空氣的感受，原來比體重還難負荷。肚皮緊了眼皮鬆了，阿成聽著他們沒話找話說、咯咯的笑聲，無聊透頂。往床上一躺，阿成說了一句：「晚安，請自便。」轉身自顧自的打起呼來，玉婷的笑聲越來越模糊越來越遠，阿成好希望，睡醒後，玉婷的人也離自己越來越模糊、越來越遠……

　　童年時期，一開始大人可能使用食物來陪伴孩子，藉著滿足口慾，填補了空虛，長期下來，肥胖帶來的負面形象，又跟滿足情緒成為不可分割的難兄難弟。在還沒有建立節制的良好習慣之前，無助感與大吃，成為惡性循環之後，自我沉溺，很難說放就放，人際上的逃避與依賴，就會接踵而至。

　　外形對年輕人的影響是大的；影響自我形象、自尊、人際關係，過胖的阿成不知不覺，必須靠著討好，配合他人，解決朋友的困難，提供飲食住宿，才有朋友。外形的自卑，從小以食物召喚朋友，閃避落單，因此無從分辨被吸引的來者，是否真心。

　　因為怕被拒絕，怕落單，往往壓抑著委屈、敵意與憤怒，難以坦露內在的真實感受，一旦感覺到不被喜歡，便

使用外物（食物）快速轉移開。然而令人擔憂的是，若是轉移不順利，可能會招致對外行為失控或是對內的失調，這也是跟後來某些心理情緒疾病發作有關。

說「不！」對有些人來說，很難。這樣長期不知道何時該拒絕，也是一件危險的事。不只是女生要練習說不，男生也要。不然對方會以為你很 nice，而不能體會到你的感覺，也不會想到你早已受不了。

圍繞在阿成身旁的朋友，看似自私的行徑，多數是跟阿成表現過度慷慨及大方有關，因為不知道怎麼表達，又沒有底線的情況，朋友們反而失去了解阿成的機會。看似好朋友的玉婷，讓阿成的期待落空，阿成應試著說出：「玉婷，我很為難、我無法承受妳同時要跟我抱怨，又要跟對方好，我已經不知道怎麼幫妳了。」

真正快樂，要有所取捨，不要過度勉強，把自己當成別人任意使用的工具，試著該拒絕時就拒絕，或指出矛盾點，肯定自我，現在學習還來得及。

安全下莊

　　36歲，毅廷的博士學位終於拿到手，跟著他長達十年的女友欣欣，如影隨形般黏他，找徵信社跟蹤他，強烈提出結婚的要求。

　　「欣欣算是個佔有欲很強的女孩，當女朋友我都越相處越不敢領教，跟她結婚？我只是還找不到一個安全下莊的方法。」

　　「長達十年的男女朋友關係，應該總有吸引彼此的地方吧？」我問眼前這個眉頭深鎖、長相英挺的男人。

　　毅廷有點猶豫：「欣欣是在新竹當兵時認識的女孩，在一家超商當店員，當年她很純情、清秀可人。退伍後，我什麼都沒有，算職場菜鳥，很受挫。欣欣為我北上另找工作，一路鼓勵我進修念碩士、博士，也主動幫我打理生活瑣事，常替我看望行動不便、住在養老院的母親；她當

然優點不少，否則十年也不是短時間。只不過，如果要跟
欣欣結婚，得要開始找份薪水估計六七萬的工作，但付個
房貸、分期換部車，薪水好像也所剩無幾了。人生幹嘛要
當錢奴？幹嘛跟自己過不去？」

「十年青春，女朋友要求結婚很正常啊，但你似乎有
其他想法？」

「拜託喔──」毅廷動怒了：「誰受得了動輒以死作
威脅的另一半？光這點，就足以叫人逃之夭夭了。」毅廷
藉深呼吸緩和一下情緒：「欣欣已經有九次自傷的紀錄，
她若敢再來一次，我保證，我一定不管她死活，閃躲得遠
遠的，她不嫌煩，我都厭惡至極了。」

八年前，毅廷的死黨小楊，雖然已經和高中時的班對
穩定交往多年，但因研究所教授推薦，參與一家知名大廠
的研發專案，和老闆女兒從眉來眼去，到放膽猛追，小楊
沒多久就穿著越來越稱頭，不到半年就開著百萬名車到校
上課，羨煞不少還在職場上辛苦往上爬的同學。

「相差 15 歲的姐弟戀又怎樣？」小楊理直氣壯的告
訴毅廷：「我起碼、絕對，可以少奮鬥 30 年！30 年，得
看多少臉色？被不留情面的洗多少次臉？人生苦短，爲什

麼能及時享受不享受？有什麼好熬的？愛情能當飯吃嗎？別傻了！婚姻這種事，有緣相遇未必有名分能相守，誰看不開，算她自己活該！」小楊論長像、個頭，滿街都是，連顯眼都談不上，這樣都能當上東床快婿，當時，毅廷心裡還滿感慨，也深替小楊的女友叫屈。

「如果換作是你，也會做同樣的選擇嗎？」

毅廷咧嘴苦笑：「欣欣第一次鬧自殺，我差點沒被活活嚇死。愧疚、懊悔、自責不已，但次數玩多了，就未必了。」

欣欣的第一次鬧自殺，是毅廷剛進入博士班第一年，因為要帶碩士班的學弟學妹，那年，進來一個混血的華裔女孩 Judy，亮麗脫俗的陽光美女，不但轟動整個研究所，只要是未婚男生，摩拳擦掌蓄勢待追的，大有人在。

因為自己已有欣欣，毅廷倒也認命不為所動，有一次作業需要帶著大家討論，因為意見很多，等結束時已經超過半夜 12 點。小組成員陸續分手後，只剩下 Judy 跟毅廷走在月光下的校園。Judy 主動問他許多私人問題，毅廷心裡偷偷高興著，想不到眾所周知，已有女朋友的自己，還有贏得 Judy 青睞的行情。

「男未婚女未嫁，沒在結婚證書上簽名之前，都有選擇比較的權利不是嗎？」Judy 對毅廷的「死守四行倉庫」感到不解：「是因為愛到非她不娶嗎？」

「倒也未必！」話毫不考慮出口，毅廷心裡暗自吃驚，表面上無所謂的聳聳肩：「應該是，在一起久了，習慣吧！」

接下來，Judy 請毅廷幫忙找資料、改 paper，毅廷都樂得很。陪欣欣的時間少了，欣欣旁敲側擊的追問，毅廷會推說：「教授給公差，沒辦法推呀！」念研究所是欣欣一直鼓勵的，她也不好說些什麼。

毅廷沒想到這麼容易就打發，戒心越來越鬆懈，直到不知道是誰走漏了風聲，欣欣突擊臨檢，衝到實驗室，親眼目睹毅廷和 Judy 卿卿我我的在做討論。回去後，欣欣盤問通宵，在問不出所以然下不歡而散。不到一小時，毅廷收到欣欣傳來一心求死、割腕的血淋淋照片，毅廷嚇壞了，火速趕到欣欣租屋處，送她去就醫，一路上，欣欣氣若游絲的說：「我生是你的人、死是你的鬼。」毅廷除了驚嚇得要命外，實在找不到丁點海誓山盟的浪漫。

從此之後，欣欣主動積極接近毅廷身邊的同事、同

學、朋友，她的過度示好眾「眼線」，反讓毅廷被周圍的同事、朋友消遣：「還沒結婚就盯成這樣，婚後豈不跟入監服刑沒兩樣？」

　　問題是，毅廷的桃花運，並未因欣欣的割腕自殺而斬斷，「nice 學長」的熱心親切，在學妹間一屆屆流傳，毅廷也頗樂享這樣的美名，總能讓他不斷認識新學妹。隨著年過三十，毅廷的魅力讓不少女孩主動靠近，個個都比欣欣年少，毅廷對自己的魅力十足一點也不排斥。欣欣原以為自殘可以讓毅廷感動而留守自己身邊，後來逐漸發現這些作風大膽的年輕美眉們，像擋不掉的花蝴蝶，欣欣就更公開的隨時「宣告主權」，擺明著自己才是正宮娘娘，偏偏毅廷的態度，讓欣欣氣結。

　　於是欣欣換吞藥自盡，這次，是毅廷通知欣欣的室友把她送醫。隨著毅廷職務升遷，女同事、女客戶如過江之鯽，一個接著一個圍繞毅廷身邊，光是聽毅廷和她們不分日夜、有說有笑的講電話，欣欣只要對毅廷出軌有所懷疑，就上演一次自傷，花樣從割腕、吞藥，到撞牆、砸毀東西、亂剪頭髮、不停狂查勤、自甩巴掌……

　　好脾氣的房東也受不了，怕欣欣把租屋變成凶宅，找

上毅廷，毅廷直接表明與欣欣是「非親非故」，然後藉機
出國度假、申請外派。在國外時，毅廷輾轉得知欣欣這回
換燒炭自殺。

　　「放心好了。」毅廷告訴友人：「她不過就是耍性子、
愛鬧，不會真想死，每次鬧自殺，都會先通知人去救她，
死不了的，我也受夠了。」

　　毅廷看似豔福不淺，越來越發現自己吃得開，周旋在眾學妹之間，他的高學歷與專業讓女友無法插手，一方面預告著學經歷水平的差異，一方面沒看到毅廷對消弭差異有所作為，反而利用這個空間，培養曖昧。

　　差異是個很現實的東西，不管是學歷、文化、國籍還是年齡。差異在一開始，常常扮演一個新鮮與吸引的角色，因來自不同世界的兩個人，對彼此好奇，情人眼裡出西施，都是「好特別」，若不正視差異的鴻溝有多大，致力於要解決哪些不足，需要一些時間做適應，等蜜月期過了之後，恐怕之前的「好特別」都變成「好麻煩」。

　　需要多位女人圍繞身旁（簡稱花心男），其實有他的致命弱點：特別空虛，需要膚淺的肯定，無法給承諾、下決定，經常活在假象中，遇到困難就想逃。若女友不惜用

苦肉計想用力要拴住他，兩人將會是你追我跑的組合。

　　用自傷強留下來的關係是否穩固？在親密關係中，經常用激烈自傷方式威脅著對方不可以離開，已經超過愛情本身，而是將自己寄託在對方，由對方肯定，才有自我存在的價值，讓自我跟他人的界線不清，對批評非常敏感，當無法獲得男友的肯定時，便很快的也失去自我，認為自己是壞的、別人也無法容忍自己的不好，而帶來空虛被拋棄的感受。把心中所重視的人視為自己的救世主，拚命的想緊抓不放，然而越想抓，越抓不住。偏偏想要抓住的花心男，可能是情路上的空心菜，無法帶來滋養與關愛。

　　自傷的關係，建立在失去、自我傷害的連結，啟動的是被動攻擊的操弄；並非健康有希望的關係，就如同癌細胞的擴散蔓延。若能正視兩者的差異，不適合在一起，要好好的分手！

　　被分手的一方，不需要盡挑自己的毛病，也不用盡想報復對方的方法。重新整理評價這段關係，了解不能繼續下去的原因。接下來，有一段時間會很難熬，跟過去習慣不同，請接受寂寞的過渡期，建立新的人際關係。

　　提出分手的一方，請用成熟的態度給對方與自己留點

空間，試著同理對方，了解他失去這段關係，悲痛莫名。總之，不要以為說難聽的話攻擊對方，就可以推卸責任；可以讓對方死心，反而造成對方的創傷，悲憤之餘，可能徹底絕望，真的自殺，那就永遠無法善了了。

　　失戀後情緒不能很快平復，需要舒緩的時間及空間，不是傷害或結束生命的方法。大破壞後往往有大建設，找好友傾訴，找長輩投訴，這方式用完一輪之後，若還沒走出陰霾，請跟專業諮商人員聯絡，來一場深度的陪伴之旅，將痛苦化成下一次成長的動力與養分，失戀將帶來不一樣的結果。

第二章

剪不斷理還亂

家家有本難念的經，事實上，經年累月下，可能還不止一本。舊帳算完，請記得要塗銷掉；事過就境遷了吧！所以，請開始培養算帳與釐清的本事。

誰對家的貢獻多

陳副總很不解，爲什麼太太雅文既然那麼生氣，還不跟他離婚？

「搞外遇被抓包，我也有試著彌補啊，一事發，就二話不說的過了一棟市區店面到太太的名下，可是她還是那麼歇斯底里的發神經，說到底，她不就是逮到機會要錢嗎？錢都給了，還鬧個沒完沒了？」

陳副總的理直氣壯，讓人也很不解。

「從雅文抓到我跟別的女人上摩鐵的發票後，三天兩頭的哭鬧、痛罵、向親友告狀投訴，深夜也不讓人睡覺的發飆，到最近不時電話查勤追人，甚至跟蹤。我都快被搞瘋了。」

太太從事發後天天重複說的最多遍的話是：

「我要搬回娘家，幹嘛要跟你窩在這鳥不生蛋的地

方？」

「我要辭職，幹嘛上班？讓你賺錢養小三？」

「兩個女兒，有本事你就自己一手帶呀！」

陳副總說：「自己理虧在先，我只能沉默不還口的隨她發洩、隨她罵個夠，隨便太太想怎樣都行；可是她越來越變本加厲，連兩個小孩都被嚇壞了，難道小孩不是她親生的？嚇壞孩子她不心疼嗎？」

「你能了解太太這些言行背後的動機或訴求嗎？太太到底在憤怒什麼？傷心什麼？」我想知道陳副總怎麼看待外遇的心態。

「這對男人來說，外遇，真的、本來就沒什麼呀！如果倒楣被抓到了，就和小三一拍兩散，不要繼續就好了。何況我又不是那麼非要那個女人不可。」陳副總說得瀟灑：「我也花錢消災啦，太太平白拿了一間店面，一間店面市價也有上千萬，為什麼她錢拿也拿了，還要吵鬧不休？」

陳副總兩手一攤：「叫我發誓我也答應她了，不會再跟小三有任何糾葛，但是太太又不肯相信，不管什麼時候，白天也好深更半夜也好，一想到就翻舊帳，就逼問事

情是怎麼開始的？那個女人哪裡好？愛她什麼？這要怎麼說？如果一五一十報告，雅文可是會拚命打破砂鍋問到底，繼續追問許多細節。坦白從寬就會沒事了嗎？她可是會無限上綱的衍生出很多想像情節來逼我回答，我幹嘛自己挖陷阱給自己跳？還越跳越深，當然閉嘴不理，隨她去鬧。」

　　只要時間允許，陳副總說他會盡可能的親自接送念小學的一雙女兒上下課，孩子和陳副總很親，每天睡前，陳副總只要在家，會主動講床邊故事，有假期會安排全家出遊。因為太太從小嬌生慣養長大，在娘家從不做家事，陳副總也請了幫傭協助家務。在外遇被抓前，外人看陳副總家庭美滿、事業蒸蒸日上，是人生勝利組一族。

　　「其實，我很懷念之前風平浪靜的生活。太太雖然從小嬌生慣養，公主病難免，但總是可人之處多，我當然還是愛她，小三和太太，是沒得比的。」

　　「那外遇是怎麼會發生的？」

　　「認識小君時，她只有二十幾歲，原本是我之前在大學教書時的研究助理，幾年後我離開了學校出來和朋友一起創業，有好一段時間沒有聯絡。後來又遇上，是因為她

準備出國留學，國外的學校要求做好一些指定的健康檢查，同時還要求學生若有特殊病史或過敏、疫苗接種等資料，需先翻成英文版本帶出國備用；所以我才會幫她介紹一個熟識的醫師。年輕女孩嘛，第一次出遠門擔心未來語言不很流利，他鄉異地萬一碰上了什麼問題沒辦法溝通，就加入彼此的 Skype 帳號，一開始，真的只是偶爾聊聊天。」

　　但因為陳副總的親切，在等待出國的這段時間，小君會藉機約陳副總，一起吃中飯或喝個下午茶。

　　一個多月前，小君在排好假回國之前，便已約好陳副總碰面；這一年來的密集 Skype 聯絡，彼此分享著生活中喜怒哀樂的點點滴滴，曖昧的感覺很特別，似乎重拾青春歲月。那天碰面，陳副總載著小君去兜風，小君的言行舉止開放，似有意無意的挑逗著陳副總，兜風兜著兜著就兜進了摩鐵，小君完全沒有拒絕。

　　偷情的感覺，刺激又美好，陳副總覺得反正小君早已知道他是「已婚人士」，雙方都是成年人了，彼此互相有好感，沒有所謂負不負責任的問題。再說小君從來沒有提過要陳副總離婚，留學在外的小君停留國內時間有限，不

會糾纏他，陳副總認為這是頂好的「安全外遇」狀態。

「會覺得對不起太太嗎？」

「老實說，在沒有被發現前，不會！」陳副總倒是回得誠實：「家我照養，女兒一樣照疼，也從沒有過要離婚的想法。我只是在『放鬆身心』的範圍，享受一下不同的情趣快樂，既不關婚姻、也無關太太的事。應該可以這麼說，這算是我有能力，放縱一下自己的犒賞吧，和小君是兩廂情願，也沒礙著誰。話說回來，從結婚後，除了生小孩我不能代勞外，不管是經濟上、家事上、帶小孩等等的一切，我自認做得比太太多很多。嫁給我，雅文不過就是跟著享福，還有什麼好不滿足的？」

「當初怎麼會和太太結婚的？」

「我是東部養雞場的獨子，研究所畢業後，老爸希望我能回鄉繼承養雞場的管理，甚至認為我可以引進新的經營模式，把祖輩留下的養雞場規模擴大，做得更有聲有色。當時交往了一年多的女朋友，就是現在的太太，認為回偏僻的東部鄉下生活會很苦悶、不習慣，開了很多條件要求，那時熱戀中啊，我都一口答應，除了雅文不生小孩這件事。之後僵持了快一年吧，雅文態度軟化了，同意生

兩個小孩，但交換我即使回東部，她依舊過她大小姐的生活方式，絕不踏進養雞場，更別提幫忙做任何跟養雞有關的活。我也退一步妥協了。然後就水到渠成，順其自然的結婚了。」

「沒有兒子，會是婚姻中的導火線嗎？」

「這倒是不會，妳若親眼看過我兩個可愛的小女兒就知道。」陳副總點開手機，桌面就是全家福照片，照片中的太太看來不但漂亮，且氣質婉約：「妳看，沒騙妳吧，多可愛！」點進照片檔裡，都是兩個小女兒的生活照：「女兒真的就是父親的前世情人，我是在用生命呵護著她們、疼愛她們。老實說，沒發生外遇前，儘管太太難免會驕縱使使性子，安撫過後，家庭生活算是很幸福的。」

「多年的婚姻生活，夫妻間總有遇到困難時，有彼此扶持的經驗或共識吧？」

陳副總想了想，咧嘴苦笑：「小學一年級，我媽就過世了，老爸很專情，沒再娶，所以我跟爸爸都是很會做家事的男人。我爸常說老婆是娶回家疼惜一輩子的女人，不論遇到什麼事情，讓讓也就過去了，夫妻間要惜緣惜福，沒什麼好斤斤計較。倒是太太婚後，直抱怨長住東部很不

習慣、生活不方便，常說雖然是住在市區，仍然好落後；也不肯好好學臺語，跟鄉親總格格不入，但是時間久了，養雞場的工人或鄰居們，見到雅文也很尊重、很客氣的打著招呼。就算我們夫妻間有爭執，我爸也是護著雅文指責我，要我先道歉說對不起，但這些看在雅文眼裡，好像都是我欠她的，理該如此的。」

外遇事發後，雅文怒不可抑，跑到公司興師問罪，逼著秘書交出小君家的住址，當晚跑去小君家門口，叫囂著要小君出來下跪，怒罵小君父母三字經，沒家教……那天，陳副總怎麼拉都拉不住。

「好在，當時小君人在國外。」陳副總說來心有餘悸：「事發後小君得知，惡狠狠的臭罵我一頓，也警告我如果膽敢讓太太再去騷擾她父母，她就算人在國外，也會找人給我好看。」

「如果，陳副總您能換個立場將心比心，理解太太被背叛的心情，也許那些歇斯底里的言行，就不是潑婦罵街、不可理喻了。」

陳副總嘆了口長長的氣：「婚後這些年看下來，也許，雅文並不是心甘情願的生小孩。兩個那麼可愛的女兒相繼

出生後，看她有時對孩子也不是那麼有耐性教導陪伴，常發脾氣抱怨好身材不再；嫌東部沒得逛，我也沒阻止她上網跨國採購，萬一她網購的東西不如她所想要的，也要發脾氣怪我，說都是我害她，連逛街追求時尚流行的樂趣都被剝奪。連家中的幫傭也常被她吹毛求疵的責罵辭退，一換再換，我自己都覺得雅文變得很難取悅，越來越陌生。」

對於「背叛婚姻」的外遇，陳副總自己認為：「也許在性行為上，我背叛了太太，但就家庭貢獻度上，我對太太的忍耐與不滿，也瀕臨到極點。看在兩個女兒份上，離婚這字眼，雖然一直被壓抑沒脫口而出，但老實說，卻成為我目前最想達成的願望。」

「在外人眼中看來，太太外表變化不大，依然美麗、氣質高雅。」陳副總好感慨：「我越來越懷疑自己當年的眼光，怎麼會著了魔似的追求號稱天之驕女的雅文，對她百依百順？即便冷眼旁觀的爸爸，他多次善意的提醒，我也聽不進去。特別是當雅文堅持不生孩子的態度，為我而軟化時，我還真覺得自己是天底下最幸福的男人，有妻愛我如此，夫復何求？」

　　一般男人在承受壓力時會退縮、封閉，說不出好話，刻意壓抑情緒，無法好好開口；女人同時也是受到情緒影響，出現煩亂、歇斯底里、反應過度。這兩種反應，形成夫妻吵架最常見的模式，一方不斷「窮追猛打」、另一方只想「息事寧人」。越不回應，另一半就越抓狂，因此無法在溝通的頻道上好好說話。

　　而外遇，是婚姻的強力殺手，一旦有第三者介入婚姻，另一半對被背叛，十之八九很難承受。

　　這不是說被發現後，改口稱之為「玩玩而已」就可以沒事帶過。也不是保持沉默，送大禮（如房產）安撫，以為過一陣子，等風頭過去，還能若無其事回到原來的生活。若是沒有積極面對事發原因，只求淡化，「逃避衝突」是很消極的作為，對關係的改善仍是不足。

　　甚至有人出軌被抓後，還認為另一半接受了禮物，該迅速和好；這種「招都招了，就是這樣，要不然妳還想怎樣」的心態，意圖討好外，覺得「獲得原諒」是理所當然。意圖堵住另一半的嘴，並不是真心誠意的道歉，反而招致更多反效果，變成挑釁激怒對方，累積更多的憤恨與傷害，更無法平靜。

　　陳太太的變化，冰凍三尺非一日之寒，起始點是一張先生外遇的證據，連番的大吵、大肆波及，再也回不去平靜的生活，先生再撒錢，也難以平復太太心中不再完整的地位與幸福，驚覺一切都是假象後，公主就變成了「黃臉婆」，那是無助憤怒的呼喊，先生不能同理到太太的失落，嫌隙就會更大。

　　在現實的婚姻生活中，沒有永遠的王子與公主；單一方的付出，很難成就婚姻的圓滿。對家庭同甘共苦經營的共識，不能只靠單方的努力。當婚姻殺手外遇降臨時，可能不是只有去除小三一件小事，若是不抽絲剝繭去溝通面對，一再延宕問題，轉移焦點，問題只會盤根錯節越來越難解。

樹大分枝

「我發誓，今生今世，我張蘭秀寧死，也不會再看你家人一眼！」

「到底發生了什麼事？讓太太發下這種毒誓？」我問何先生。

將近二十年的婚姻，說穿了，蘭秀感覺自己的這個原本單純美滿小家庭，被糾纏不清的外力幾乎摧殘殆盡；如果因有小三的介入，蘭秀還能名正言順、理直氣壯、毫不客氣的把她轟出生活。但若存在婚姻中如鬼魅般甩脫不掉的攀附，是不爭氣到幾近厚顏無恥的先生手足，蘭秀悲從中來，背了近二十年的重擔，既不被婆婆將心比心的體諒，稍有異議，還得看盡欺人太甚的眼色。

四年級後段班的何先生，雖然不是長子，還是「姥姥不愛、舅舅不疼」的老三，卻被媽媽如同長子般的要求：

「你們這些兄弟姊妹，就只有你過得去，幫幫自己的手足，也是天經地義的呀！」蘭秀委屈得直掉淚：「婆婆自己心知肚明，她五個兒女，也只有我先生會聽她的、會幫她、拿她當媽尊重。」

問題是何先生不過是家中小企業的副總，聽起來官不小，但實質的薪資收入，若維持自己四口小家庭的開銷，還算有餘；若三不五時的要應付一開口就是一筆數字支出且有去無回周轉，次數一多、時間一久，捉襟見肘難免。

「蘭秀不是收入也不錯嗎？嫁雞隨雞，你賺的錢幫幫自己兄弟姊妹，過分嗎？蘭秀賺的錢還是一樣可以養你們的家呀！」每回有兄弟姊妹要婆婆開口幫忙周轉，何先生若手頭有不便或態度猶豫，婆婆就拿蘭秀出來說嘴。

問題是，所謂幫幫自己兄弟姊妹，比方被婆婆要求贊助大伯考上私立大學的獨生子，交每一學期的學雜費，理由是從小被寵壞的大伯一年換二十四個工作，收入有一搭沒一搭。「你大哥就這麼一個獨生子，老婆又跑了，你有能力不栽培親姪子，說得過去喔？」婆婆的歪理讓蘭秀不服，蘭秀自己也有念高中的孩子，雖是念公立學校，但兩個孩子英數理化家教班的補習費也不少。

　　失業一陣子後，找到外縣市工作的何先生大弟，去找婆婆借錢想買部二手機車當交通工具，婆婆大方的說：「買二手車多危險？去挑部性能好點的新車，不夠的差額，找你二哥拿。」在一旁聽到的小弟忙爭取：「我現在騎的這部是我自己買的，都快十年了，我也要換部新摩托車，既然三哥買車可以媽和二哥各出一半，我也要比照辦理。」

　　「好好好，手心手背都是肉，沒問題，我負責去跟老三說。」婆婆答應得好大方。

　　「這算什麼？」蘭秀氣極：「憑什麼問都不先問一聲，背後就暗算人？我們夫妻的錢也是靠自己努力辛辛苦苦賺來的，憑什麼？」蘭秀指著何先生：「你真該去驗驗DNA，看看你是不是被抱來養當搖錢樹的！」

　　何先生不吭氣的搓著雙手。

　　「還有，大姑夫妻買房交屋，她婆家說買房子的錢婆家有贊助一半，新家裝潢，娘家也總該出一半吧？竟然這筆錢也算到我們頭上！還有，老么創業貸款，婆婆也要我先生作保，她敢拍胸脯，創業穩賺不賠不倒嗎？」

　　看著氣到歇斯底里的太太猛拍桌子，何先生頭低到不

能再低。

「別以為就這幾筆錢，還有他爸這些年的醫藥費、他媽的生活費，說好四個兄弟平均分攤，只要有人賴皮兩手一攤說沒錢，他媽就一把眼淚一把鼻涕的哭上門，要哭窮也該去每個兒子家都哭一遍呀，怎麼老挑我們軟土深掘？他媽其他兒子的孩子都是金孫，都要我們為他們多著想，那我們家的兩個孩子，不姓何嗎？怎麼就從不替這兩個孫子也想想呢？」

蘭秀痛苦得雙手摀住臉：「不止一次，我跟先生提說，兄弟姊妹長大了，各自成婚有屬於自己的家庭；本來就應該負責各自的生計，更何況，我們也是受薪階級，也沒有繼承他父母任何財產，這樣永無止盡的被當提款機，不會太過分嗎？有當婆婆的，偏袒兒女，到這麼不明理、欺負人的程度嗎？」

我盯著何先生看，希望他能說說自己想法。

停頓了好一會，何先生深深吸口氣，紅了眼眶：「我不是長子，又夾在中間，也沒兩個弟弟會看父母臉色、會討好，從小就一個人不敢添麻煩的默默長大。直到大嫂受不了大哥放浪生活，跑了，大哥更有理由不負責任，他結

婚時我媽出錢幫買的房子也被法拍掉了，他把兒子丟給我媽帶，自己也跑了，姊姊嫁人了，老四在服役中、老五在念大學，我爸第一次中風。我剛結婚，手邊有存了點錢，我媽每次見到我就哭錢不夠用，我不忍心，把婚後剩下的存款三十幾萬一次都給了我媽，我第一次發現我媽看我的眼光不一樣，有著驚喜與讚許。我是想，錢努力工作再賺就有，可是沒想到我媽卻誤以為我瞞著她，不知道多有錢……

「接下來姊姊婚後多年，好不容易第一個兒子出生，她婆家大肆張揚，我媽說要給姊姊做足面子，開口跟我要了一筆錢打金飾、坐月子，我給了；從此開啟了變提款機的惡夢。」

為了應付媽媽和手足間三不五時有去無回的周轉，何先生投身工作的時間越來越長，甚至開始兼差，家庭生活品質不但受影響，開始連經濟都有打結的時候，蘭秀從剛開始的勉為其難體諒，變成忍無可忍，對婆婆或何先生手足在言語上、態度上，多有所抱怨。婆婆不滿之下向親友哭訴：「老三聽某嘴，不要老母了。」不明就裡的親友閒言冷語，讓蘭秀與婆家的心結更深。

　　何先生的兩個孩子懂事後，把一切看在眼裡、記在心裡，對上門來只會要錢的阿嬤避之不及，慢慢連回阿公阿嬤家過年過節都非常抗拒，每到年節，家裡充滿了山雨欲來的氣氛，連孩子都不諒解何先生為什麼那麼懦弱？不為自己的妻兒著想？

　　「連我自己都很懷疑──」何先生嘶啞了嗓子：「我和我媽、這些手足，有沒有血緣關係……」

　　自古以來，姻親的問題就是婚姻中的一大罩門。結婚後跟原生家庭要保持怎樣的距離，婚姻中的小倆口，誰也不清楚，原來躺在一張床的兩個人，同時還有那看不見的原生家庭牽扯甚至糾纏不休。

　　妯娌、姑嫂、婆媳的姻親問題中，以婆媳問題佔最大宗。臺灣文化傳統的觀念中「媽媽只有一個，太太再娶就有」，對原生家庭非常效忠！小家庭的地位排後面，婆婆與媳婦兩人的地位，明裡暗地先 PK，先生便順理成章成為夾心餅乾。不知道如何拿捏分寸與優先順序。

　　如果婆婆仍將結婚的兒子，視為自己未婚的小孩，凡事要插手管理打點，定會與媳婦衝突摩擦，因此有人說，其實不是婆媳問題，是先生「不敢站出來做明確的溝通」，怕得罪自家人、怕媽媽傷心她的所愛已被「另一個女人」

搶走；結果無形中，將媽媽與太太逼成勢不兩立的敵對。

　　太太生氣的，不只被姻親當 ATM 一件事，還有先生跳過她的不尊重，沒事先跟她商量。先生此時應面對自己的角色，勇於面對問題，誠實以對，好好溝通，幫忙媽媽與太太兩邊周旋調適，要知道很難雙邊討好，兒子與母親的沒界線，不代表婆婆與媳婦也可以。若不把太太當成自己人，婆媳問題就會永遠存在。

　　小家庭生活保有適度的隱私，姻親之間要適度的尊重！大家都聽過，兒子都成婚了，婆婆仍不准鎖房門，半夜要開門察看兒子是否蓋好了被子；這就是一個誇張的例子。何先生照顧原生家庭無可厚非，符合傳統文化的孝道美德，但在太太提出周轉都有去無回疑問時，多次被敷衍，包括沒完沒了的金援、貸款作保承擔萬一被倒風險等等，沒有好好據實溝通，原來的孝道美意，就變成婚姻中另一半的夢魘與負擔。

無從下手的破冰

「我凡事都不表意見，都隨便她了，這樣也不行嗎？」

在國立大學任教的黃教授，教學外也兼任了行政職，是同事眼中的好好先生，脾氣超好外，對底下的人有求必應，盡量圓滿。很多同仁都說：「人人都說官大脾氣大，但黃教授不會，做人謙和著呢！」所以知道黃教授的人，都稱讚他人緣很好。

可是現在坐在我面前的黃教授，看來十分挫敗與疲憊。

「結婚十幾年了，對太太的真實想法是什麼感覺？」

「婚後，發現芳春敏感的心思，遠超出我想像的細密，我懶得天天日子過得像打仗似的，就乾脆投降了。」

「教授一般而言，是教學指導者，會不會把工作上的習性，帶進了夫妻相處上？」

「應該沒有！婚後沒多久，一討論起家裡的大小事，萬一我說錯話、或讓她誤會了我話中的意思，芳春會聯想出許多有的沒的，然後不停的追問，為什麼會這麼想？她說得不對嗎？沒道理嗎？當教授很大嗎？為什麼就不能聽她的意見？」

黃教授搓著雙手：「平時，學校工作要管的事情那麼多，我實在沒有力氣，回家還要花心思在這些瑣瑣碎碎的事情上跟芳春扯個沒完。慢慢的，凡家裡的事，她說了算，我當應聲蟲就好。」

可是通常家中大小事，不多是些瑣瑣碎碎的事情嗎？

黃太太是出色的高階主管，工作能力強、脾氣耿直、處事明快、好勝心強不服輸，且越挫越勇。碰到身段柔軟的黃教授，認識這對夫妻的朋友，都說他們不僅是互補、還很絕配。但事實上，黃教授跟太太，除了安排孩子的接送行程，必要的事情交代完畢，兩人天天生活在一起，一天講話的次數不會超過五句，有時甚至連話都懶得說，直接在冰箱門上或房門上貼紙條。

他們這樣各過各的已經十多年，早就分房了。慢慢有好朋友發現他們夫妻間的「相敬如冰」，從孩子眼神中透

出的落寞，難免好心勸兩句：「為了孩子，妥協一下吧！」遠在澎湖的婆婆，一提起這個兒媳，只能不停的嘆氣：「這幾年，連除夕，都只有兒子帶著孫女回家過年，我也不知道哪得罪了媳婦，連回都不回舊厝來看看。」

「有婆媳問題嗎？」我問。

「沒有，應該不會！」黃教授說得斬釘截鐵：「我媽一直住澎湖老家，顧著小雜貨店，她喜歡那裡的環境，幾乎不太到臺灣來，最近一次來我家，是給芳春坐月子。」

算來那該是十年前的事了吧？黃教授的女兒瑄瑄今年都念小四了。

「在我們還有回澎湖過年時，我媽說來回一趟路途那麼遠，過年所有要準備的東西或拜拜，我媽都一手包了，從沒麻煩過芳春。」

「應該、總是會有個什麼原因，讓黃太太不想再回澎湖過年吧？」

黃教授低頭想了想：「也沒什麼啦，就是親戚和街坊鄰居，一見面總會追問什麼時候再生個兒子，我們家雖然四個兄弟兩個姊姊，但每一房家裡，總該生個男孩來傳宗接代之類的。」

「你自己覺得呢？你媽會給生兒子的壓力嗎？」

「我是高級知識份子，可沒什麼重男輕女觀念，孩子健康快樂就好；至於我媽，私下說，芳春的強勢，我媽還真有點怕她。」

「當初，怎麼會和太太結婚的？」

「相親。」黃教授有些尷尬：「從小愛讀書，父母也鼓勵能讀多高就盡量讀；拿到博士學位後，重心都在學術研究上，沒時間、也完全沒交過女朋友，所以也不知道怎麼交女朋友、討女孩歡心。之後長輩一直幫忙安排相親，但幾乎所有相親過的女生，第一次約會後，就不會再答應跟我出來了。」

這倒是有點……

「N 次失敗後，我一個大學同學看不下去，先幫我惡補了些追女生的教戰守則，我自己也強記了一些笑話，然後，他介紹表妹，就是芳春，給我認識。當我們約會超過三次，我覺得芳春學識、身家背景都不錯，對我欣賞外，算她有眼光、頗為識貨，知道我也算人中翹楚，所以第六次約會，我就試著跟她求婚，沒想到芳春一口答應，人家女生都答應了，難道我還能打退堂鼓？所以不到三個月，

約會了六次，就結婚了。」

「婚後相處下來，曉得太太有哪些喜好？哪些紅線禁忌？哪些地雷是一定踩不得的？」

黃教授一愣：「老實說，我連怎麼會跟她話不投機，然後相敬如冰到今天這個地步，究竟我是從什麼時候？哪件事得罪到她，自己都一點印象也沒。不過，好在女兒跟我很親很親，我們是同一國的。」

看黃教授很得意的說起親子關係，我心想，這下麻煩大了。

「對孩子的管教，夫妻看法一致、有共識嗎？」

「哼！」黃教授一說起便有氣：「我剛才說過，我是高級知識份子，可沒什麼重男輕女觀念，孩子健康快樂就好。孩子從小，不是就首該健康快樂的成長嗎？幹嘛非揠苗助長不可？我父母生了六個兒女，顧生計都頗吃力了，哪有時間緊盯著管孩子，放牛吃草之下，我今天的成就會比人差嗎？」

「這麼說，管教孩子，你們標準不一致，是分別扮黑白臉嘍？」

「芳春哪叫扮黑臉？分明是虐待兒童好不好？」黃教

授扳著手指數太太罪狀:「她堅持女兒一定要 9 點準時上床去睡覺,沒有通融商量餘地,連放假日都不行喔,因為要上才藝課、要練琴什麼的。為什麼不能順其自然等女兒想睡再去睡?再來,如果 9 點到了,孩子沒把功課做完,還是得上床去睡覺,明天再早點挖起來繼續寫功課;還有,早上不准賴床,叫起床三次起不來,後果自行負責!光就睡覺一件事,女兒三天兩頭淚汪汪的哭著上床、哭著起床,這叫什麼跟什麼?我不心疼嗎?」

「再來,連吃東西也嚴厲規矩一堆,太太堅持吃飯時間固定,煮什麼吃什麼,小孩不可以挑三揀四,不可以偷吃零食、不可以吃油炸速食、不可以喝碳酸飲料、吃冰要經過媽媽同意……瑄瑄難免會鬧情緒、使使小性子,叫吃飯不想吃?芳春就會狠狠的餓她,看女兒吃不吃?瑄瑄都會可憐兮兮的偷跟我說,為什麼媽媽說的垃圾食物都是她很愛吃的?要不是有我這個爸比護著、疼著的話,就算女兒不離家出走,小命也去掉了半條。」

慢慢的,女兒年紀雖小,察言觀色下,卻越來越懂得選邊「仗勢投靠」,有次和媽媽頂嘴,白眼一翻,嘴一撇,加了一句:「我爸比是大學教授,他說的都對,妳像白雪

公主的後母一樣，是巫婆，我和爸比都討厭妳，不想和妳
生活在一起。」

　　氣不過的黃太太，揮手打了女兒一巴掌，對女兒不受
教還頂撞的怒氣，一股腦轉到黃教授身上，原本就缺乏溝
通的夫妻關係雪上加霜。從一天說不上幾句話，變成只要
逮著父女倆誰的碴，黃太太就失控發飆到歇斯底里，然後
連續很多天，一回家就把自己關進房裡，把黃教授父女當
空氣，不聞不問。

　　工作已經很忙的黃教授，無法無微不至的接送照顧女
兒生活作息，即使心裡隱隱發覺，要顧好一個家、管好一
個小孩，真的是件不容易的事，可是面對一個冷戰的妻
子，他完全不知所措，無從下手破冰。一段時間之後，連
女兒的班導師都打電話來關心，這些非一日之寒的前因後
果，是黃教授來求助心理師的原因，他覺得自己也快被搞
瘋了。

　　「不管怎樣，太太總是女兒的親生媽，離婚這件事，
是我絕對不會去考慮的事，我可以看在女兒份上，繼續忍
耐她、不跟她計較，只要她改變這種態度。」

　　「面對這樁婚姻，在經營上，你不自覺也該負一半責

任嗎？應該沒有一個妻子，希望和對她不理解到陌生程度的先生共度一生吧？」

　　黃教授用低到不能再低的聲音喃喃自語：「其實，我也知道，她很愛女兒，是爲了孩子，而忍耐這個婚姻。」

　　黃教授夫妻，在婚前認識彼此的時間不夠，婚後自然需要更多體諒、包容來磨合。兩人個性差異，處事風格南轅北轍、一剛一柔，看似互補，其實是完全不同。婚後缺乏溝通在先、消極逃避爭執在後，不滿、積怨只會越來越深。

　　現在小孩生得少，當有了小孩後，完全以小孩為中心。這為婚姻帶來了壓力。夫妻變得不再對「婚姻」有承諾或執著，而只對「父母」這個角色投入。先生使用放任的方式，太太使用嚴謹規律的方式，雖然都是為孩子好，但無法協調，會使孩子產生混淆與錯亂。

　　外表相敬如冰的夫妻，誤以為彼此間已經沒有什麼好吵的，而戰場卻延伸到孩子身上，這戰線不會隨著孩子長大問題就消失。孩子小時候沒有及時面對的問題，都堆積

到現在，且隨著青春期叛逆的到來，問題只會越來越複雜。

黃教授成為女兒的避風港、有恃無恐的靠山，當太太面對女兒一再頂嘴、甚至變本加厲的挑釁時，終於哀莫大於心死，認為女兒很難管教，絕大部分都是黃教授挑唆離間的關係。

黃教授當然不這麼認為，他堅持是太太的嚴苛沒有商量空間，主觀意識太強烈，不知道她在緊張什麼？通權達變有那麼困難嗎？黃教授感覺太太自己要崩潰了還要拖他和女兒下水，但又不知道怎麼破解這樣的箭拔弩張才好。

只是長年下來夫妻根本沒想好好做討論，明明生活在同一屋簷下，卻越來越陌生，越來越看對方不順眼。小孩的敏感程度，常是超乎大人想像。迴避彼此存在的夫妻，面對孩子會有更大的緊張感，小孩不知不覺間承擔了，成為讓父母可以短兵相接的導火線，在這個冰凍三尺非一日之寒的家中，小孩被迫選邊來自保。這對父母，唯有重新再燃起對話的管道，坦誠面對彼此，有功能的開啟對話，孩子才可能從這個砲火四射的戰爭中全身而退。

婚姻治療專家黃維仁博士提出：幸福的首要關鍵，是

幫助雙方有效的處理差異與衝突，才能建立心理上的安全感與親密感。衝突大部分是來自雙方不同的價值體系，沒有好好處理差異和衝突，婚姻就會受傷不穩定，並非「相敬如冰」最好。衝突經常出現的五種模式有(1)攻擊；(2)屈就、順服；(3)凍結、冷戰；(4)逃逸、避重就輕、轉變話題；(5)妥協、化解、尋求雙贏。

　　男性一般對情緒有表達障礙，盲目的以為「好男不與女鬥」、「懶得理、隨便她啦」，避重就輕，逃逸不理，更容易引起女人的憤怒與不滿，啟動攻擊或消極對立的方式來抵抗。

　　衝突代表著彼此觀念有差異，是個危機，但不宜壓抑，以免變成滾雪球，一發不可收拾。要認識彼此不同處，使用積極合適的方式來面對處理，化解危機，讓彼此互相更加了解。這對夫妻學識、社經地位都好，若都把職場的氣勢帶回家，不肯先放下身段好好講開，彼此間怎麼破冰呢？建議一起想出化解之道，才能雙贏。

再說、再說

　　從進諮商室，程遠坐下後，只抬頭看了我一眼，然後，沉默瀰漫。

　　雖然低著頭，但程遠眉毛忽而挑高、忽而緊皺，洩漏了他心中的澎湃洶湧，應該是不知道如何話說從頭吧？我靜靜的等候他開口。

　　「我想、很想、很想，跟太太復合。」

　　問題是，說這句話時，他已經簽字離婚了。

　　從程遠填寫的資料中來看，擁有麻省理工學院博士學位，家中環境優渥，從小聰穎，家裡全心栽培。

　　「你只要專心攻讀、做研究就好，其他生活上的大小事，爸媽都會幫你處理好。」程遠媽的這一生，能擁有這麼一個傑出兒子，認為是老天爺最大的賞賜，是周旋眾親友間無比的驕傲。

「看來，你並不想離婚是嗎？怎麼會簽字呢？」

程遠狠咬著嘴唇。

沉默，再次瀰漫，要對一個陌生的心理師傾吐壓抑至深的心事，畢竟，難以啓齒外，需要很大、很足夠的勇氣。

「不好意思，我要先離開了。」程遠試圖隱藏他的哽咽，起身就走人。

我猜想，是婆媳問題嗎？否則身高、外表都不差的程遠，會是女孩心中標準的「高、富、帥」，是什麼樣的原因，讓夫妻走上離異之路呢？

第二天，程遠主動來電，通知下一次的預約門診，他會準時過來。

這一次，在諮商室看到程遠，神態從容、情緒穩定，文質彬彬。

「我想，我真的非常需要有人，告訴我怎麼辦？怎麼追回思耘。」

程遠的妻子思耘，是當年在美國矽谷工作時，自由戀愛結的婚，對思耘，程遠的父母都沒意見。

「不論是人品、學歷、家庭背景，都門當戶對，無可

挑剔。」這椿婚姻，也是程遠媽所津津樂道的。

　　不論婚前婚後，只要帶著思耘出席任何聚會，程遠從與會來賓眼中、口中，感受到羨慕甚至帶著妒嫉的氛圍，讓程遠不免得意洋洋到飄飄欲仙。「得妻如此夫復何求！」程遠忍不住偷偷讚賞自己的眼光與幸運。

　　婚後三年，兒子 Jeff 出生，程遠媽媽從高中的訓導主任退休，程遠的爸因為一次流感併發急性肺炎，差點丟了命之後，也從職場半退休，轉任公司輕鬆的顧問職。

　　「回來臺灣吧！」程遠媽開口：「你是獨生子，上次你爸急性肺炎時，拿到醫生給的病危通知，我身邊連個至親都沒有，就算你會趕回來，可是等你飛回來的那十幾個小時，你爸只要有點風吹草動，我嚇都嚇死了，深怕萬一你們父子連最後一面都錯過。」

　　程遠爸一句話都沒說，卻用眼神傳達心中的渴望。

　　「回臺之後，我可就舉目無親了。」思耘娘家，早就全數移民美國，回臺定居這件事，讓思耘很猶豫。

　　「怎麼會舉目無親了呢？妳有我、有兒子、有公婆，何況我爸媽在同棟大樓的十樓，幫我們買好了房子，回到臺灣，我們一樣保有獨立自主的生活空間，不用跟公婆同

住一個屋簷下，別擔心，凡事有我罩妳啊！」

接下來的日子，程遠和思耘透過網路找臺灣的新工作，程遠媽透過視訊，和程遠夫妻討論房子的裝潢設計，順便加強 Jeff 對爺爺奶奶的印象。

回臺定居這件事，一切看來，按部就班的讓人放心。

一年後，程遠高升為外商公司駐大連的副總裁，當他興高采烈在晚餐後宣布這好消息，卻換來父母的錯愕，思耘當場臉色大變。

「我和 Jeff 要跟你去大連。」思耘說得斬釘截鐵。

「我反對。」程遠媽毫不考慮否決。

「可不可以妳和程遠先去上任，Jeff 晚一兩年再去？」程遠爸想緩衝一下氣氛。

「一家三口為什麼要被拆散？不能生活在一起？」

「孫子跟著爺爺奶奶住，會被虐待嗎？」程遠媽強勢起來了。

思耘起身抱緊兒子：「我們母子、一家三口，絕不分開。」

大人的大小聲爭執，Jeff 似乎毫不受干擾，專心把玩著手上的玩具。

「你們怎麼就都不替我想一想？」程遠吼了出來：「你們以為副總裁這個職位得來容易嗎？你們有看到我是多麼努力的爭取，才能脫穎而出嗎？我要擊敗兩岸三地多少對手，才能登上這個位置？之後，我仍然要兢兢業業的拚，才能坐穩這個位子，我這都是為了誰？」

程遠媽還想說話，硬是被程遠爸給攔了下來：「你們夫妻自己商量，不管結果如何，我們兩老，都無異議接受。」

「我們回去說！」拉著思耘，程遠氣沖沖的出門，大門剛帶上，卻聽到程遠媽歇斯底里的怒吼：「無異議接受的是你不是我！」

兩個月的冷戰，第一次發生在程遠夫妻身上，程遠由憤怒、委屈、開始無助。想自己從小一路順遂，升學、求職、追老婆、結婚，樣樣都在盤算中如意，怎麼反倒是年過四十了，絆他這一跤的，是身邊的至親衝突？

思耘，當然是這一生的摯愛，當初苦追思耘，不也一樣充滿挑戰，得之不易啊！一見鍾情這女孩之外，她身邊圍繞著不少的中外菁英才俊，是這些旗鼓相當的情敵，激勵了程遠的志在必得。眼見兩個月來思耘的憔悴，心疼當

　　然有，可是低了頭，別說對父母難交代，只怕日後自己只有凡事退讓的份，這可不是自己的 style，程遠咬牙不認輸。

　　思耘媽媽從美國飛來臺灣當和事佬，規勸了女兒、調解了女婿、安撫了親家。返美前，拉著女兒的手：「兩情若長久，豈在朝朝暮暮？夫妻是一輩子的長久，相處得鬆緊有度，犧牲與成全，總是要有的。」

　　程遠如願赴大連去為公司開疆闢土，完整的專業歷練讓他如魚得水，對在臺的思耘如有抱怨，也不以為意，總想了不起真有事發生，讓丈母娘出面擺平就好，眼下自己要攻頂、要攀上大中華地區的總裁，其他都再說了。

　　「Jeff 快三歲了，不愛搭理人，也不肯開口學說話。」視訊時，思耘憂心忡忡。

　　「我問過媽，她說我小時候也是這樣，大隻雞晚啼，沒什麼不對，是妳多心了。」

　　「我問過小兒科醫師，他建議我帶 Jeff 去看兒童心智科評估。」

　　兒童心智科，這幾個字對程遠太震撼了，反感油然而生：「等我回臺再說。」程遠匆匆下線，他急撥電話回父

母家。

　　「什麼心智科門診？」程遠媽氣得大叫：「我孫子聰明得很，虎父無犬子，我天天白天親自帶他，Jeff 只是內向害羞罷了，有當媽的這樣詛咒自己孩子的嗎？」

　　程遠放心的鬆了一大口氣，好在距離下次返臺，還有將近兩個月可緩衝，思耘的憂慮，到時再處理就好。

　　沒想到一個禮拜後，程遠到歐洲出差參展，思耘急著找他：「教學醫院門診證實，Jeff 經過兒童心智評估，是亞斯伯格症，建議先到醫院接受半年的日托訓練。」

　　程遠腦袋轟的一聲，剎那間一片空白。這麼優秀的自己、才學也不差的思耘，怎麼可能生出有問題的兒子？程遠幾乎可見父母的難以置信與傷心⋯⋯

　　是不是該直接先從歐洲回臺一趟？

　　不，一個成功的男人背後該有一個讓他無後顧之憂的賢妻，這是思耘該負責面對的事！

　　可是思耘如果能面對，就不會這麼慌張的要找老公！

　　程遠內心不斷掙扎，不行，如果回臺，要面對的不只思耘，還有兒子的病、爸媽的情緒，甚至，程遠心裡有個聲音如鬼魅般激盪：你是多麼優秀傑出的人才，你的面子

呢？人家會怎麼看你程遠，原來光鮮亮麗之下，你也有不堪的一面？

　　心一橫，程遠克制激動，冷冷的回思耘一句：「再說、等我回臺再說。」

　　回到大連，不出所料，程遠媽的來電，成了每天的疲勞轟炸，倒是思耘安靜下來了。程遠媽對思耘的指控，程遠反而覺得老人家不識大體，應該尊重思耘的判斷，不管如何，Jeff 是思耘的心頭肉，站在親生媽媽的立場，思耘一定會顧全兒子的將來周到。

　　既然思耘不吵不鬧了，程遠樂得裝聾作啞，應付一個女人，總比應付婆媳兩個強，程遠覺得自己果然天縱英明，反正要擺平老媽又不難。

　　一個多月過去，程遠全心放在工作上，思耘不主動找他，他也不想自找麻煩。直到一天傍晚，程遠媽打電話來嚎啕大哭：「思耘偷偷帶著 Jeff 走了。」

　　「走了？什麼時候走的？去哪了？回美國了嗎？」

　　程遠媽哭到語焉不詳。

　　「都沒說。」程遠爸接過電話，語氣好沮喪：「我們三天沒看到孫子，上樓又找不到人，去問警衛，警衛說昨

天下午，看思耘帶著行李牽著 Jeff 出門，警衛跟她打招呼，問她是要去大陸找先生嗎？思耘還笑著跟他點點頭。」

掛掉父母的電話，一通電話撥到美國丈母娘家，電話一直響，就是沒人接；一通一通的打，最後回應的都是請他留言。

匆匆交代秘書家中有事，有多少假，就請多少天，連行李都沒收，就直奔機場飛美。一路上，認識思耘以來的椿椿件件往事揪心，Jeff 純真的笑靨，多令人有子萬事足，一個宛如天使般的孩子，怎麼會心智有問題？

有多久了，怎麼會越來越習慣漠視思耘的感受？是從那次冷戰之後嗎？是發現 Jeff 有問題後，自己的逃避嗎？還是媽對思耘不滿的推波助瀾？還是自己也仗勢著有丈母娘的偏袒，更無所謂了？

在思耘洛杉磯的娘家，丈母娘搖頭嘆氣外還是搖頭嘆氣，思耘忙著帶 Jeff 求醫，完全把天天來訪的程遠當空氣。

一星期後，丈母娘偷偷的告訴女婿：「思耘這兩天心情平復多了，她應該會找你談，就多體貼讓讓吧。」

　　這天晚上，丈母娘幫忙帶 Jeff 上樓睡覺，把客廳留給程遠夫妻。

　　分針走了一圈又一圈，思耘的面無表情，讓程遠不知如何開口。一小時過去了，思耘從桌上的紙袋中抽出文件：「我們離婚吧！」

　　錯愕讓程遠反應不過來：「沒有商量餘地了嗎？不可以再說、再說嗎？」

　　「你看著我！」思耘努力壓抑著情緒：「我快樂嗎？」

　　程遠搖頭。

　　「我幸福嗎？」

　　程遠低下了頭。

　　「知道我現在的憔悴不堪，是你多久折磨出來的嗎？」

　　程遠的頭低到不能再低。

　　「既然彼此都不愛了，就各自放手吧！」

　　「不要，妳知道，我一直都愛妳、愛我們的孩子、愛我們的家、愛──」

　　「愛什麼？」思耘淒楚冷笑：「你最愛的是自己！你的父母從小把你捧上了天，你的心裡唯己獨尊，只能你被照顧周全，至於身邊的妻兒，任其自生自滅，與你何

干？」

不是這樣的、不是這樣的！程遠在心中吶喊，卻面對思耘說不出口，終究思耘是把自己看透徹了……經驗法則告訴程遠：「千萬別在思耘氣頭上卯起來和她對著幹。」面對這張離婚證書，程遠暗自盤算著：憑我現今的地位、條件和本事，要重新再把思耘追回來，有什麼困難？就姑且讓她發洩一下積怨好了。

「妳的條件呢？」反正打定主意欲擒故縱了，程遠態度便遊戲起來：「總不會無條件離婚吧？」

「只要Jeff。」程遠無所謂的態度，讓思耘痛徹心扉，卻仍想最後一搏，Jeff，不也是他父母摯愛的金孫嗎？程遠真的對妻兒這麼了無情義了嗎？

「好！」匆匆看過思耘請律師擬過條件的離婚證書，程遠自以為瀟灑的簽上姓名。

思耘渾身冰冷、一臉灰敗，原來，程遠真的棄她母子如敝屣，是因為Jeff是有病的孩子嗎？是程遠媽成功灌輸這個極其污辱人的觀念給程遠嗎？在確診Jeff病情後，程遠媽曾故意當著思耘面跟程遠爸說：「我們家世代健康、聰明、傑出，程遠要結婚，親家遠在天邊，我們連個

想打聽都沒能夠，這下好了，遺傳病出來了。」

　　程遠離開洛杉磯前，丈母娘偷偷一再交代：「想他們母子，就跟我說一聲吧！」偏偏程遠故意冷了半年不和丈母娘聯絡，全心拚自己的事業版圖。

　　四月，Jeff 的生日到來，程遠精心為兒子挑了禮物，興沖沖的飛美，一路上猜想著：大了一歲的 Jeff 該會喊 Daddy 了吧？療傷過後，思耘應該風采依舊，或者綽約更勝當年？出其不意的探訪，夫妻間，該會是充滿小別勝新婚的驚喜與甜蜜吧？至今，在程遠心中，思耘的輕顰淺笑，仍是沒有任何女人可取代或動搖的。

　　帶著 99 朵綴著滿天星的嬌嫩粉玫瑰和 Jeff 的生日禮物，程遠壓抑著興奮雀躍的情緒，滿懷歡欣敲丈母娘家門，聽到開門聲，忍不住先深呼吸，按捺不住的相思滿溢，門開了，卻是一個陌生的老外……

　　臺灣傳統的已婚男性，他們只有賺錢養家一項功能嗎？其實已婚中的男性逐漸會發展出「先生」與「父親」的角色，才能說成熟。而越依靠母親代勞婚後家庭事務的男性，角色就侷限在兒子，當太太變成母親，沒有進化的先生，終究會被發現沒有成長。

　　婚姻的滿意度，是建立在夫妻彼此能夠傳遞與表達正向情感。婚姻學家發現，充滿愛意、敬重與支持的關係對婚姻溝通品質有正面的效果，這個概念就好像到婚姻銀行存錢，從日常生活中儲蓄情感的習慣，像是支持、尊重、浪漫、貼心的舉動，都屬於正向的存入舉動。負面的互動，像是消極面對衝突、吵架、鄙視、抱怨等就是支出的概念。一個婚姻是否存亡，可以看這對夫妻的婚姻銀行裡面，正面互動的存入是不是遠大於負面提領，還是已經超

支了還不知道？

　　婚姻是會變動的，它會長大，以前是兩個人的愛情關係，一旦進化成婚姻關係，夫妻發展與適應不同身分角色，跟一開始時不同。不再是個人的角色而已，後來會有母親父親的角色。隨著不同情境、角色與任務也許也會越來越重，夫妻若不能協調同心，無法適應變動，婚姻銀行勢必不停的被提領。

　　在孩子出生前是人生勝利組的程遠，婚後把家庭職責切割出來，一直沒有融入父親的角色，而只當賺錢的兩地飛人，以個人事業的成就為重心，小孩全交由太太思耘跟媽媽全權照顧與負責。

　　一般而言，婚姻滿意度會隨著孩子出世而下降，夫妻在育兒階段的相處過程，會發生各種意見不一的衝突與拉扯，如果夫妻可以彼此鼓勵、讚美與接納，同心支持更能增加夫妻間養育子女的成就感與恩情，緩衝了育兒階段帶來的負向衝擊。

　　當孩子有特殊狀況時，母親的壓力特別大，加上太太思耘跟婆婆對早期療育觀念不同時，婆婆指責的壓力，不但不能同理媳婦的緊張、焦慮與挫折，太太一再求助時，

又屢屢遭挫，連離婚協議書，先生都願意簽。

　　男性多半把工作賺錢當成對家庭的唯一責任，但若能同時以不同方式的關懷與投入，也許或多或少的存入婚姻銀行總能積沙成塔。程遠忽略了孩子出世所帶來的各種挑戰與衝擊，他的抱怨與指責，引發思耘的憂鬱、無力、憤怒，因而採取積極攻擊或消極疏離，一來一往共構了破壞關係的惡性循環。如此一來，兩人婚姻存摺最終破產了，即便程遠心中仍有滿滿對妻兒的愛，卻輸掉了婚姻，甚為可惜。

第三章

難言之隱

要不是近距離、長期生活，連自己也不知道，哪些極
私密的角落會被探索、發現，甚至公開。

蕾絲邊

「原本，太太說工作了好幾十年，覺得需要進修，想再讀研究所，我和我媽也二話不說的支持她，我媽都快八十了，我和太太都上班，家事和帶小孩，幾乎都落在我媽身上，就算我媽身體不錯，我也會不忍心。」樹生兩眼盯著天花板：「慢慢打著趕報告的名義，太太越來越忙，不僅周末假日忙，連夜不歸營也開始了。

「我當然會疑心，也悄悄跟蹤過她，一段時間後，確定她在碩士班往來密切的是個女同學，一個看起來很大剌剌的女人孟子秋。兩個女人就算常窩在一起過夜，又能怎樣？不過就是趕報告嘛。」

可是樹生的媽媽直覺媳婦琇筠變了，對家心不在焉、對小孩沒耐心，唸她兩句，琇筠就會情緒失控：「我真後悔，幹嘛年紀輕輕就栽進婚姻？青春的熱情、人生的美

好，都還來不及享受，就被人妻人母的身分拖累，憑什麼要我就這樣認命？」

「那、那、那妳想怎樣？」被一向安分媳婦嚇到的婆婆，連話都問得結巴。

「解放我自己，做忠於自我的人！」

「什麼？什麼意思？」

「這個家是夫妻兩個人的，憑什麼我要沒有自我的不斷不斷付出？兩個人一樣上班賺錢，薪水不相上下，憑什麼樹生下了班回家、周休假日可以蹺腳當老爺，還等人服侍？而我得像陀螺似的轉個沒完？」

「可是家事也好、帶小孩也好，我這做婆婆的，能做的不也都幫妳做了嗎？這難道不能算樹生在家也有幫上忙嗎？」

「我討厭過這樣暗無天日、沒有生氣的日子！」琇筠第一次對婆婆大吼大叫。

「日子過得好好的嫌什麼嫌，活得這麼不耐煩，嫌這個家不好、樹生不好、我這婆婆不好，那妳滾啊，這個家沒有妳，還樂得有安生日子過呢！」

那天樹生回家，媽媽攔在公寓大門口，一把眼淚一把

鼻涕的告狀，引得左鄰右舍側目。樹生又尷尬又生氣的把媽媽一路推上樓回家。一進門，看見琇筠拎著行李從臥房出來，樹生箭步上前搶下行李：「妳這是幹什麼？我媽是長輩，說兩句氣話，妳就嘔氣？妳這是幹什麼？想離家出走嗎？」

「我這輩子最後悔的事，就是學校一畢業，就乖乖聽話嫁給你。」琇筠狠狠甩開樹生拉扯的手：「你真心疼愛過我嗎？對我溫柔體貼嗎？為什麼我在你身上，從來沒感受過什麼叫柔情蜜意的溫存？」

「你聽聽你媳婦在說什麼？連我這婆婆都聽不下去，你說琇筠外面沒男人，說給鬼聽鬼都不信！」

樹生跌坐沙發上，臉色鐵青。

「不、不、不，不是這樣的。」琇筠唰的一下語無倫次：「我外面沒男人，我發誓，我不是那麼輕賤的女人；我們只是情不自禁的相愛、愛得一發不可收拾，為彼此生死相許──」

樹生一巴掌甩在琇筠臉上，一回頭，發現家的大門沒關，門口、樓梯間，擠滿看熱鬧的鄰居。

氣急敗壞把大門踹上，樹生惡狠狠的一字字對琇筠交

代:「妳今天膽敢走出去,妳這輩子休想見到兒女一面。」

　　從那天之後,琇筠一出家門,就發現鄰居看她的眼神有不屑、有嘲笑,連到附近的黃昏市場買菜,背後都被指指點點。回到家,兒女只親近婆婆,看到琇筠就閃開;樹生就算人在家,連正眼都不看她一眼,更別提開口說話;倒是婆婆一樣把家理得有條不紊:「哼,這是要某人有自知之明,這個家有她沒她,一點影響都沒有。」

　　琇筠的碩士班再也沒去上課了,孟子秋接到琇筠哭訴遭遇的電話,只喔了一聲:「那、妳就好自為之過日子吧!」一天琇筠耐不住思念,趁午休跑去找孟子秋,在子秋公司樓下,看她擁著年輕貌美的新歡,走過琇筠身邊連一聲招呼都沒有。

　　琇筠不知道自己是怎麼回家的。

　　樹生接到琇筠公司的電話,說找不到琇筠開會、手機沒接也沒請假,樹生怒氣沖沖趕回家,卻看到琇筠坐在床上,緊緊抱著枕頭,眼神空洞的唱著不知所以然的歌。

　　「對一個男人來說,妳能了解我的挫敗和不知從何說起的忿怒嗎?」樹生痛苦的緊握雙拳:「他媽的,我老婆的外遇是同性戀,一廂情願的愛到失魂落魄,要是外遇是

個男的起碼我還可以找他出來幹架，媽的，竟然是個女
的，一個無情無義的女人，對感情玩得比男人還狠！」

　　要不是社會排斥同性戀，壓抑他們追求幸福的基本權利，使得大多數的同性戀者，被迫過著「假裝」異性戀結婚生子的生活，以躲避世俗異樣眼光，迫使感情層面必須偷偷摸摸的，婚後另一半也不一定曉得枕邊人是同性戀。得過三屆奧斯卡金像獎李安導演的《斷背山》，就是將同性戀人隱藏的痛苦刻畫得淋漓盡致。同性戀者既不能跟自己所愛大方結合，又為了逃避世俗眼光走入婚姻，婚姻走岔路的機會，可想而知。

　　外遇是婚姻的殺手，不論是異性或同性。心理學家說戀愛中的腦與平時不一樣，原來母性以小孩為重的，但在戀愛的激情中，人卻好像魂魄被牽引出竅，已經忘了原有的角色與身分。

　　不要以為女女外遇，因為對象不是男性，先生比較沒

有傳統男性被戴綠帽的感受，而是還停留在女生的「手帕交」的印象；像小女生會一起牽手上廁所般，是屬可以接受的親密程度。事實上對於伴侶，同性戀跟異性戀一樣，都有佔有欲。而同性戀，又因為禁忌無法公開，更加壓抑痛苦。若把同性別的元素拿掉，同性別的外遇出軌，一樣會爆發所有外遇引發的負面情緒，追究感情不忠的脈絡。

　　這個家能不能重建起來，考驗著樹生對太太的愛與包容。樹生若準備好，仍要太太回家，要了解到太太是帶著傷回來，太太不是多個手帕交這樣的處境，而是有個人、讓太太產生致命吸引力的情感，使得太太對於先生、小孩、家的重要性，已經不是排在第一順位了。杵在面前的是人言的可畏、先生家人叫屈不、太太被情人的背叛，這些林林總總的積壓，無法以眼不見為淨，表面和平共存帶過。

　　樹生須思考太太的情慾世界，是不是無法再跟男性生活？他要做出選擇，不要以為寬宏大量，就能轉換太太的性向。琇筠的失戀，是面對自我矛盾的時候了，不要再把痛苦轉嫁他人。要重新思考，留在家庭裡面的意義，能不

能把孩子的父親、婆婆當家人一起生活，還是要提起勇氣
走自我追尋的道路。

妹妹

　　阿新在家排行老大，父母感情說不上好不好，媽媽一向強勢，爸爸不知是溫吞還是懶得跟老婆計較，外人眼裡爸爸是個在家沒有聲音的男人，凡事退讓。阿新還有一個妹妹阿芬，小他兩歲，從長相到個性，簡直是阿新媽100％翻版，長相安全、個性恰北北。

　　阿芬上班工作很少超過半年，她的刁蠻個性不僅與同事難相處，連老闆也常被氣到寧可發遣散費「破財消災」，也要叫阿芬滾蛋，人際關係很糟的阿芬，和爸爸沒話說，和媽媽彼此一開口就對嗆，只有阿新這個哥哥還肯容忍她，由著她使性子。

　　32歲的阿新，想婚，卻又很難走上結婚這條路；不是他不喜歡女生，而是媽媽加上阿芬兩母女的表現，讓他很不知道該怎麼應對女生的陰晴不定。只要一聽身邊女人

指桑罵槐、怨東怨西，阿新渾身不自在到想趕快逃離現場，對自己心儀女生雖然多少還可以容忍一下，但常使性子的女生，真的讓他很手足無措。

「我不是不想要結婚。」阿新很苦惱：「而是每當有了心儀的對象，阿芬一發現，常常參與很多意見，甚至從中作梗，結果都會無疾而終。」

阿芬脾氣真的很壞，阿新不敢完全不理她，否則她真的會尋死尋活給你看。多年前，阿新第一次帶著心儀的女孩回家，阿芬一看到就從頭到尾擺張臭臉。阿新送走女孩回到家，阿芬就一直吵著說頭好痛，抓著阿新問：「你知道我有靈異的敏感體質，那個女的不乾淨，你幹嘛要跟她在一起？」

阿新不想理她，阿芬就大吼大叫：「那個女生身後跟著好多個冤親債主，如果你要跟她交往，日後你會不得安寧，你還會禍延子孫、甚至絕子絕孫。」阿新有些忿怒：「我的兒女不是妳的姪子姪女嗎？有當姑姑的，會這樣詛咒人的嗎？」

慢慢阿新發現，「靈異體質」之說，阻止不了他交女朋友後，連被發現有女生打電話找他，阿芬都「鐵口直斷」

這女生是鐵掃把、會敗家剋夫、會淫蕩扯爛污，會一直盯著阿新要跟這女生做個了斷，阿新要是推拖拉的應付，阿芬竟然會直接去找那個女孩，說阿新早有心儀女孩，只是在跟她玩玩、圖個鮮；或說阿新另結新歡了，不忍看無辜女生再被阿新騙下去……

　　從小父母工作忙碌，空蕩蕩的家中，只有阿新跟阿芬兩個相依作伴的小孩，從阿芬上國小附設幼稚園起，天天都是阿新帶著阿芬去上學、放學再帶她回家，有時晚上還要打點兄妹倆的晚餐；阿芬生病時，媽媽也多是拿錢給阿新，叫他帶妹妹去隔街的診所看醫生。阿芬有事，也都只跟阿新說，因此從小一路走來，兄妹感情很親近、很緊密。

　　「小時候家裡很窮，我們一家是擠在違章建築的通鋪上睡覺，從小到我上高中了，阿芬連要換衣服，也沒有對我有所避諱。」阿新羞赧的低著頭：「我也知道這樣不好，可是阿芬說她無所謂，她小時候我也常幫她洗澡，她一點都不在乎。」阿芬從小就習慣黏阿新而不黏父母，長大了也是這樣。

　　「妹妹這麼的黏你，會不會有過度親暱的感覺？爸媽

及旁人怎麼看?」我問阿新。

「國中時,的確有同學會開玩笑,說你是你妹的男朋友喔?還起鬨說要我去問爸媽,阿芬會不會跟我沒有血緣關係?是抱來給我當童養媳的。在外面,若發現阿芬又來黏我,我會很生氣的叫她走開,她若不走,我自己就先跑掉,然後阿芬就搞失蹤,我就會被我媽狠打一頓。」

阿芬考上了高雄的專科學校,得離家住校,阿新說其實他有種「終於可以解脫」的痛快,想說有一天阿芬交了男朋友,就不會這樣黏著他。可是阿芬提出條件,若要她去高雄念書,只要她想回家,阿新要接送她。在火車上,阿芬會挽著阿新的手臂,頭靠著阿新,看在不知情人的眼裡,簡直像對甜蜜蜜出遊的情侶。

對「阿芬交男朋友」這件事,阿新很快發現他錯了,一來是阿芬的脾氣太古怪,沒有任何一個男生想追。二來是阿芬開口閉口常掛著:「你真笨、很差勁耶,我哥都怎樣怎樣……」讓很多男生受不了,就算有幾個敢約會的男生,都是頭也不回的逃之夭夭。

阿新退伍後工作地點在中部,每個月回家一次,就得聽媽媽訴苦:「阿芬在家成天跟我過不去、吵架吵個沒

完，也不肯好好去上班，生這個女兒，像是生來討債的，我遲早會被她活活氣死。」

阿芬則一見阿新就一把眼淚一把鼻涕：「這個家沒你在，我再也待不下去，你帶我走吧；否則不保證你下次回來，還能不能再見到我。」

看阿芬哭得歇斯底里，阿新心也不忍，打算這次去中部幫阿芬就近找工作。不久後，碰巧阿新廠區福利社的會計出缺，阿芬因著阿新的關係被錄取來上班。阿芬眉開眼笑的是可以跟阿新再住一起，但不高興的是怎麼阿新和女朋友的約會多過照顧她。

阿芬能多黏阿新就多黏阿新，慢慢廠裡閒話四處流傳：

「那個阿新和阿芬真的是親兄妹嗎？」

「看阿芬那個樣子，簡直比老婆管老公還會管阿新。」

「對呀，只要哪個女的多跟阿新講幾句話，就會被阿芬起底，好恐怖喔！」

阿新心底後悔極了，阿芬黏得變本加厲，他與女朋友完全沒有獨處的空間，阿芬總像顆甩不掉的電燈泡，只要他一翻臉生氣，阿芬就軟硬兼施，時而讓步、時而尋死尋

活的要阿新在她和女朋之間二選一。

　　飽受騷擾的女友，終也提分手了：「不是因為阿新你不好，阿芬會是個很可怕的小姑，我也無法接受這種死攪蠻纏的三人行的日子，我投降，能閃她多遠就閃多遠。」

　　「我不要和妳分開。」阿新好痛苦：「我是認真要娶妳，和妳廝守一生的，我們別管阿芬，我們遠走他鄉去結婚、去打拚我們的將來。」

　　「你醒醒吧，你心知肚明，阿芬會放過你嗎？」

　　阿新哭了，他真的不知道該怎麼辦？丟下阿芬從此不聞不問不管，他一定做不到，阿芬也決對不會善罷甘休，阿芬真的如同鬼魅般，這麼多年來，攔阻在他與任何一個女孩之間，阿新只想有一個真正屬於自己的家、沒有阿芬硬插進來胡攪蠻纏，只有心愛的妻子、兒女……

　　親密關係是否能繼續下去，影響的變數很多，不是只有了解對方人好不好而已，更要了解對方的原生家庭以及對他個人有哪些重大的影響。只有知道對方的家人有誰在做什麼是不夠的，更重要的還要了解他們彼此之間的關係，處於什麼狀態，親疏遠近與品質如何。

　　阿新的妹妹，長期與阿新共生存，獨佔又依賴慣了，家庭是個封閉的系統，家人不覺得這樣有什麼「奇怪」，除非由外人指出不恰當之處。妹妹雖已經成年，沒有發展出她的年齡應有的社會化、待人處事風格、情緒管理能力，暗示著個性不成熟、或是有更嚴重的人格疾患。有些精神疾病看了醫生會穩定下來，但有些不屬於疾病，而是特殊的性格，恐怕就難以改變。

　　長期以來，哥哥一開始是爸媽的小幫手，兄妹關係緊

密，不是壞事，家人之間形成妹妹有哥哥的陪伴照顧默契，當阿新有了女友，妹妹阿芬感受到兄妹依存關係，遭到入侵與破壞，哥哥變成不是他獨享，女友變成討厭的外來者奪取哥哥的愛，妹妹阿芬不友善的攻擊每一任女友，是為捍衛自己原有的生活平衡結構，不容許外來者破壞。

　　緊密成如此的關係，家人忽視這個問題，沒好好訓練阿芬建立對外的人際關係及自我照顧的獨立。將哥哥視如自己的一部分，而不是相對的理解與尊重。妹妹的恐懼化成攻擊，無法容許哥哥建立親密關係的需求，屢次破壞得逞，意味著這一路以來，妹妹阿芬沒有發展成熟獨立的人格，幼稚、脆弱，自我中心又封閉，像個巨大的幼兒如影隨形。

　　阿芬是父母的責任，卻因當時有阿新的幫忙，父母把阿芬當成一個永遠長不大的孩子，不用替家人著想，彷彿寄居在哥哥的保護殼中，像連體嬰，無視於哥哥的感受。過度的依賴與獨佔，顯示未有獨立健全的人格，如果將來阿新女友，想要進入親密關係，阿新一定要先規劃好怎麼處置這個水蛭般緊黏的妹妹；而阿新與父母的態度就非常重要，父母需要建立共識一起合作，此時必須求助心理治

療，協助妹妹與哥哥做獨立與分化。這是一條漫長的道
路，不這麼做，阿新的生活，勢必無法與妹妹做切割。

同性戀，不是病

　　Jerry 從來就沒有少過女友的陪伴，每個女友都好正。三年前，Jerry 滿 45 歲生日，親朋好友除了工作、健康的祝福外，問起感情的事，Jerry 無奈的「嘿、嘿嘿」帶過，不然就是說：「你要介紹誰？是你的好朋友嗎？不要害人家了，我都快五十了。」家人看著仍是孤家寡人的 Jerry，擔心不免。

　　媽媽忍不住要三姊陪著前來諮詢，說了對 Jerry 的一些疑惑，忍不住問：「我媽很擔心，弟弟是不是同志？」

　　「外表看得出來嗎？要不要叫他也來諮商看看，如果能夠改變他的性向就好了！」媽媽忍不住期待。「如果能夠改變他的性向就好了」這種夢想，30 年至今，都有同志的家長，抱持著這樣的想法。

　　我委婉的跟 Jerry 媽說：「同性戀不是病，不需要治

療。要諮詢的是不能接受的親人！」

　　Jerry 媽哭了出來，自責一定是自己寵壞的：「Jerry 是家裡最小的老么，上面有三個姊姊，他長得好可愛，帶出門，大家都喜歡他，直說這小妹妹好漂亮啊！小學前，他爸在國外工作，Jerry 黏我黏得很緊，一家都是女生。會不會是這樣，所以他不喜歡女生了？」

　　「看著弟弟長大越來越帥，人品也算端正，我們見過他其中的幾個女朋友，長相、學識、教養都不錯的好女孩，不了解弟弟為什麼定不下來？剛開始也不以為意，媽還說也許弟弟眼光高，年輕人多挑挑也好。」

　　「他一過三十，我當然會催他結婚，Jerry 是獨子，他爸總怪我，說都是我給寵壞的。逼急了，Jerry 竟然跟我談條件，可以跟女生在一起，但不要生小孩。後來又改成可以在一起，但不要結婚。結果，女孩子誰願意這樣虛耗青春，就一個個自行離開了。」

　　「怪的是——」姊姊和媽媽對看一眼：「和弟弟分手的女孩不少，不知道該是說她們有風度，還是怎樣，竟然沒有一個人回來責罵弟弟，反而還能像朋友般相處，偶爾還相約吃頓飯、喝杯咖啡什麼的。我媽發現弟弟和女朋友

們好聚好散，還直誇弟弟做人成功，連分手這種事都能化敵爲友，沒有遇到死纏爛打要他負責的女生。不過我媽還是頂失望的，因爲如果當中哪個女朋友懷了孕，她倒是極願意接受這個意外的驚喜，只可惜啥事都沒發生。」

自從父親過世後，媽媽更是把重心全擺在 Jerry 身上，雖然如此，Jerry 以工作爲重，只有固定週日中午，會回家陪媽媽吃頓飯。從 Jerry 三十歲自己買房獨立外住後，幾十年來都是如此。這期間媽媽雖看過 Jerry 的幾個女友，媽媽無論敲邊鼓說喜歡誰或不喜歡誰，最後都煙消雲散。媽媽似乎很自責，若不是意見那麼多，也許兒子早就可以結婚了，自怨自艾的媽媽擔心有生之年，無法看到兒子成家，更別提抱孫子了。

在媽媽的淚水攻勢和姊姊們的威逼下，Jerry 總算獨自出現在我面前。

「我之所以來，是爲了讓心理師了解，我既沒病也沒所謂的感情創傷後遺症。」Jerry 一坐下就表明：「我只是不知道怎麼讓我媽接受，我根本就沒有要跟女生結婚的想法，那不是我媽的問題，但若講明了，我媽能夠接受嗎？她都一把年紀了，她往後還能開心得起來嗎？」

　　我完全能同理 Jerry 擔心的風險，Jerry 說：「反倒是我向對我存有想婚的女孩坦白，就算她們離開了，也會留下祝福、不會怪我，因爲她們知道、能感受到我曾努力過試著愛女生，我眞的很盡力了，但我眞的做不到。」

　　「Catherine 跟了我 5 年。」Jerry 眨著雙眼：「我們彼此扮演年節的男女朋友，她是第一個發現我的同性戀，但 Catherine 很有義氣，她懂我的不知道該怎麼面對，也從不開口要求我什麼，反倒是我很感激她的陪伴，給我有緩衝的思考時間，這對一個慌張的人來說，太重要了！所以 Catherine 邊工作邊念夜大時，我也不忍心她沒日沒夜的拚，出錢以她的名字幫她買了部車。在旁人眼裡，我和 Catherine 會分手，是因她出國深造，距離遠了、感情淡了；事實上，我們透過網路，至今仍是推心置腹的知己好友。

　　「人在國外的 Catherine，思想豁達多了，她讓我知道同性戀不是萬惡不赦，我們也有權追求自己的幸福。當我打定主意在感情的路上忠於自己的性向，我跟每個對我有好感、主動找上我的女孩，除了結婚這件事情外，其他能幫她們的、能滿足她們的，我都盡量，所以就算最後要

分手，也多半是她們自己知難而退。」

Jerry 兩手一攤：「其實，我對男歡女愛的性需求不高，有個女人在身邊進進出出、跟前跟後，只是免除別人問東問西、好奇的眼光罷了。所以，誰跟我在一起，能在一起多久都無所謂，起碼每個週日中午，能跟我一起回家陪媽媽吃頓飯，其他都好說。」

「真的對女孩都沒戀愛過嗎？」Jerry 儀表堂堂，在職場表現也算亮眼，他身邊的女孩堪稱個個是「正妹」。

Jerry 笑而不答。

「媽媽那邊呢？」

「如果可以，希望多元成家。」Jerry 嚴肅了起來：「我不想為了別人的眼光，去誤了女孩子的一生，除非她也支持多元成家！要名分，我可以給，但談到感情，就不要強求。我很清楚，有些女人在被愛沖昏頭時什麼都好說，往往頭腦一清醒，會反悔、看清事實，會自己打退堂鼓。所以，為了不傷我媽的心、我會曖曖昧昧的再打幾年迷糊仗，等我媽百年後，我一定就會大大方方的出櫃！」

根據調查，全球大約有十分之一的人口是同性戀。

精神疾病診斷（DSM）於 1970 年代，已經更正同性戀不是精神疾病，也不是性的偏差或變態，同性戀接受心理治療的原因，不在改變性傾向，而是因為遭致社會歧視，被霸凌，被排擠，不能像其他人自然的與他們的伴侶公開生活，長期背負秘密，孤寂悲傷，而產生焦慮與憂鬱。

大眾對少數人的不友善，使人難以承受，甚至使人受害！ 2000 那年，曾鬧出人命。死的是屏東國中生葉永鋕，他是個陰柔的國三男生，被同學長期欺凌，最後死在學校廁所，學校沒有先報警而是先去清洗現場，教育部因命案發生後，開始立法，推行兩性平等友善校園。先從學生教育著手，尊重不同性別的人。多數出櫃的名人，都有

傑出的成就與表現，例如蔡康永、美國脫口秀主持人艾倫、蘋果執行長庫克。他們不畏社會的異樣眼光，勇敢出櫃，一再呼籲社會停止污名化，具有指標性的意義。

性傾向無法選擇，同志感情，不是病態，但社會的歧視，異樣的眼光，常常使優秀正常的人也無法光明正大。背負這樣的社會眼光，與其讓家人承受，不如自己演戲過一生，或是先結婚蒙混過關以後再說。Jerry 的無奈，為了母親演戲，何嘗不是一個體貼的好兒子，如果社會的進展，能夠接受個別差異，大家也不用那麼辛苦的掩飾了。

同性戀朋友應享有結婚的基本人權，在臺灣仍有諸多的黨派與教會保守派，仍偏頗的主張同性戀犯了罪，邪靈附身，公開的歧視與霸凌，阻撓同性戀者成家。文明社會的演進，歐洲很多國家比美國早十年宣布，接受同性戀婚姻，同性戀伴侶亦可以領養小孩。全世界最多基督徒的國家美國，終於在 2015 年 6 月 27 日，由最高法院，裁定同性婚姻全國合法。法官 Anthony Kennedy 判詞的最後一段，鏗鏘而動人：

「世上沒有一個結盟比婚姻來得更深刻，因為當中體現了最理想的愛、忠誠、投入、犧牲和家庭。在締結婚姻

盟誓之後，兩人合起來比各自單獨能成就更大的事，在有些情況下，婚姻的愛不斷延續，甚至跨越生死。」

　　同性戀真的不是病，有病的是相關知識太少，無知與歧視。Jerry 不想麻煩家人為了他去承受外界的眼光，也不想耽誤對他有幻想的女性，然而感情是個人的隱私，無須向外界交代，只要他人能夠接納這個「不同」，Jerry 不但可以更自由做自己，跟家人也會加親密，不用保守一個可能家人也猜得到的秘密。

第四章

眞相和想的不一樣

有的人，真的不適合婚姻，因為他們住在自以為是的
雲端，或是，百年前歷史尚未到達文明之前的輪迴！

網路情

　　這十年來，阿志在網路上，至少有八個化名，隨著不同交友的網站增加，阿志隨心情喜好，在不同網站變化不同的註冊帳號，好像在玩 cosplay 般。爲了不出包，他每個網站還設有不同的分身，爲了不要搞混，阿志還得費心另闢檔案來分類管理。例如：

　　在 Yahoo 交友時，他是神秘的外科醫師，因爲常在診間與開刀房忙碌，偶爾才會出來透透氣、講講話，單身未婚的醫師這個頭銜，還眞吸引不少女生搭上門。

　　在無名小站的註冊，他則是科技公司的經理，英文一把罩，常以出差國外開會爲名，偶爾會消失一陣子，藉此增加神秘感。

　　在愛情公寓裡，他註冊的是博學的大學副教授，常藉時事發表自己的意見，談到學生眼中的他，好像是神般被

學生所推崇。

幾年下來，阿志累積不少紅粉知己，但這些都比不上在臉書上的角色扮演，他註冊的是喪妻多年，深情、多金又獨自帶 5 歲小孩過日子的單親父親，「千金難買有情人」這樣的鰥夫身分，反而吸引很多有母性的女人來關懷他。

其實阿志真實的身分，是進口汽車的 Top Sales。企管系畢業退役後，在進口車代理商工作十幾年，發現自己工作表現再努力，社經地位怎麼都比不上一擲千金，眉頭都不皺一下的買主。車主身邊帶來的女人，分成幾種，有的一看就是小三，因為小三通常不會在意這男人買車花多少錢，要的是闊氣的面子。如果是正宮，多半會對車問得很詳細，對車價更是斟酌再三、斤斤計較，總是一點虧都不能吃，尤其車上常載著兒女，對安全性能特別在乎。

成功的男人，身邊有不同女人，對於 Sales 來說幾乎是見怪不怪。阿志的售後服務做得相當好，客人還會介紹朋友來看車買車。阿志藉著好的口碑，客源滾滾而來，業績對他不是問題；加上工作時間有彈性，手機隨時有兩個門號，一個給客戶，一個因網路上朋友多了，為做區隔不得不多個門號，這些都是為了「方便管理」現實與虛擬的

生活，不能錯亂掉。

「專一交個女朋友很困難嗎？」我問來求診的阿志。

「自從離婚後，我覺得婚姻是件很麻煩的負擔，如果光談談戀愛，呼之則來揮之則去，可以不要分攤共同生活，男歡女愛，盡興就好；若能兩廂情願，隨傳隨到，那當然極好，且對身心都有益不是嗎？」阿志笑得好曖昧。

「所以嘍，當前妻一而再抓外遇，抓到她歇斯底里受不了，向法院訴請離婚，老實說，法院判孩子監護權歸前妻所有，我還大大的鬆了口氣，三歲和五歲的小孩多難搞啊！我才沒那麼想不開。再度變成一個黃金單身漢，每個月付十萬塊贍養費又怎樣？就算逢年過節、小孩開學或生日什麼的，只要我媽開口幫前妻要錢，對我一點也不難，花錢消災，給就是了。我可不願意再傻不愣登的栽進婚姻的墳墓裡。」阿志說著說著，竟得意的抖起腿來。

「當初怎麼會走入婚姻？」

「我本來就不想要結婚，但當時前妻懷孕了，算她狠，直接先跑去找我媽，一則是長孫既然來報到了，我媽當然樂得很；再則我媽自以為是，認為結了婚、生了小孩，會讓我定下來。其實不但並沒有，且大錯特錯。」阿

志兩手一攤：「我早就知道自己不適合結婚，可我媽跟前妻都不信邪！女人對我來說只有兩種，一種不管我再離譜，永遠都會包容我，像我媽；一種要面子裡子兼備，就是帶出門有面子，關起門來，在性愛上要刺激、狂野、敢嘗鮮，但很難一種女人，是這兩種的綜合體。」

　　透過網路，可以讓阿志淋漓盡致的發揮，周旋在不同女人之間，加上他從不開口和女網友談錢、談投資、談周轉，更讓女網友放鬆戒心，沉淪在阿志的情愛遊戲中各自表述，有著無限美好將來的期盼。透過不同身分的作文，這些女人無法主動靠近阿志，只能等他想到，去挑逗她們一下，而女網友的嬌嗔抱怨，反而讓阿志越玩越樂不可支：「有距離的保護，反而可以躲在虛擬世界中，欣賞自己的調情手腕，享受這些女人爭相邀寵的百態，坐擁三宮六院的感覺，頂有意思的好玩。」

　　「總有網友，你也會心動想見面吧？」

　　「這哪是問題啊？再喜歡，也要若即若離，有的女生受不了就會自己先踩煞車；萬一碰上恐龍妹，大不了網站關門重新開張再來。只是怕自己忘了約過誰或是再約時身分搞混，所以會列帳戶管理以免出糗。十年下來，帳戶中

至少已經累積將近三百名各式各樣女生，都是高學歷、姿色也算中上，很多都是留學回來的寂寞女生，她們多半經濟獨立，自主有見解，每當我開著公司代理的頂級車子出門應酬她們，她們多半算很自制、有她們的矜持與驕傲，也不會苦苦糾纏。高級房車嘛，彷彿是一種身分的保護傘，人嘛，總要有身分上的自知之明不是嗎？」

「這十年間，難道都沒發生過突槌的事嗎？」

阿志笑翻了：「約到老闆在美國念碩士，放假回國的女兒，身分當場被拆穿。」

「老闆也無所謂嗎？」

「當場是很尷尬啦。不過，老闆知道我是公司的搖錢樹、金雞母，業績掛帥嘛！不過老闆女兒女大十八變，超正又超辣，認不出是她來，也怪不得我。這件事發生後，讓我更加小心，嚴選要見面的網友。其實後來我慢慢發現，每六個網友之間，就有些微關係，只要隨便牽一下，都有機會發現，中間有互相認識的人，也不知道算是意外還是收穫。」

只是這樣不同的周旋身分，帶給阿志的，應該是自我滿足與空虛浮華的一體兩面吧？

　　「最近，也不知道爲什麼，新鮮感已經到了新鮮不起來的地步。每段關係的開始與結束，幾乎都成了公式般無趣，激不出丁點火花。」阿志滿臉落寞：「幾年前，還會遇得到感情太投入，沒我活不下去，我一閃人，她就眞鬧自殺的女生，而現在的女網友，根本比我還猛、還敢玩、還無所謂。甚至有個妹跟我一言不合，竟然直言嗆我，要做個版黑我，讓我知道網路無國界，害我潛水沉寂了一段時間。唉，是我眞落伍、老了嗎？魅力不再了嗎？」

　　已經邁入四十好幾，一向自詡渾身散發女人難以拒絕魅惑力的阿志，看著他直往後退的髮際線，看來，他遊戲人間的玩世不恭，也跟著歲月痕跡，煙消雲散了吧？

　　網路尚未興盛之前，年輕朋友擴大認識圈，從愛情青紅燈、世界電影雜誌的筆友專區，到網路初期，有BBS、ICQ、聊天室等不同的交友頻道，到後來無名部落格相簿讓網友形象現形，奇摩、蕃薯藤交友方式轉換，到現在還有的月老銀行、愛情公寓、臉書，及時下最流行的智慧型手機 APP 交友軟體，Wechat、Beetalk 五花八門。

　　認識陌生人從拿筆寫信變成了滑手指，至少需要醞釀幾個月的模糊想像，變成了秒傳照片、聲音影像。速度、地域性、方便性大幅提升，隨之而來的，網路交友、一夜情發展也快速成為新興情慾模式。利用網路的匿名或假身分來引人入勝，搶鮮都只能在一開始，不出三個月，就要面對交往關係界定的現實問題，透過螢幕，好像很能交心溝通，但面對面，卻是見光死！

　　男女之間不會因為經由螢幕敲了很多知心話，就省去了現實生活的種種考驗，不管當時有多濃烈的情趣，而是在真實情境中，能維持多久？感情若要永遠停留在新鮮感，浪漫的蜜月期，是無法生根的。回到現實生活中，能不能給予彼此支持，經得起磨合與信任的挑戰，才是持續下去的重點。

　　網路只是個入口，去認識不同人，透過虛擬網路世界的美化，不管多受歡迎，見面後，不能省去一步一腳印的查證步驟，以免落入跟自己談戀愛的，只是個虛無飄渺、不存在的夢幻。或是遇到愛情騙子，等著哨食純情心。

　　性別刻板印象如「男人花心沒什麼」、「女人忍一時之苦，退一步海闊天空」等等，造就更多的怨偶，與長期模仿錯誤兩性互動的孩子，再次墜入惡性的循環。只要是重複，難以自拔，造成他人痛苦的行為，便不能忽略它是連當事人都不敢面對的心因性情緒困擾。

　　近日美國研究團隊才把「性愛成癮症」，視為新的心理疾病，並列出一系列基準，用來界定「性慾異常亢進」，包括反覆出現性幻想、性衝動和性行為，時間超過 6 個月，起因不是濫用藥物或其他醫療情況；而是患者透過性

行為回應沮喪等心理狀況，或反覆利用性愛紓壓。研究團隊訪談全美 207 名病患，發現 17％至少丟過一次工作，39％結束一段關係，28％感染性病，78％有健康性愛的障礙。病患會出現過度手淫、使用色情媒介、網路性愛、召妓或與多名不認識的人發生性關係，過去一年平均擁有 15 名性伴侶。

　　阿志原本有家庭的，多次網路交友外遇而嚴重影響家庭，最後被太太訴請離婚，太太必須做出這樣痛苦又必要的決定，阿志卻繼續沉迷忽視這個警訊，沉溺在情愛享樂。網路是愛情性遊戲的 easy 入口工具，每個過往的女人都成為阿志一枚收集過的徽章而已，這樣下去，逐年發展成病態的性成癮傾向，怕是指日可待。

飄洋過海來成家

　　阿明一看就是道地的「做田郎」，說起話來毫不加修飾：「別看我身體粗壯，土直性，講話很大聲，以前不是沒有交過女朋友，但ㄅㄟˋ了三個之後，就覺悟了，與其花錢投資別人的老婆，不如一開始就知道誰是我老婆，花錢在她身上才不會吃虧。」

　　「啊我國中同學呀，先娶了東南亞的外籍新娘，不到一年就給落跑了，花了兩三年找到才離婚；接著又娶了大陸新娘，他說到底同文同種、講話能通有差，看他們很恩愛，我也就心動了。」阿明聳聳肩：「像我家這麼庄腳所在，要種田又要做山的，哪個臺灣女孩敢嫁過來？光聽嚇都嚇死了！這點我是很有自知之明的。」

　　就這樣，出生雲南怒江自治州的阿雪，經仲介媒合，從雲南遠嫁來南部的這個小村莊，發現臺灣的兩性互動方

式，感覺比自己遠在貢山腳下的家鄉還落後，常讓阿雪人後暗自悲傷落淚。

「查甫人在外頭做事，汝囉嗦啥？」

阿雪不懂，在臺灣，太太不能過問先生的事嗎？每次阿明這麼大聲斥責，公公和小叔小嬸的眼光，讓阿雪尷尬到無地自容。

「幹妳娘，查某人，閃邊啊去啦。」

當知道「幹」字在臺灣是罵人的髒話後，阿雪不懂，爲什麼每次阿明一開口就惡狠狠的幹這幹那？有話，不能好好說嗎？連公公對婆婆說話也是很不客氣，他們不是都結婚五十幾年了，公公心情一不好，婆婆說了他不愛聽的話，還會動手打婆婆。阿雪常被嚇得躲在房裡發抖；有次被阿明發現了，在沒有外人的房間裡，阿明竟然會溫柔的摟著阿雪安撫：「別怕，我不會打妳，會保護妳的啦！」

第一次和阿明回到家，婆婆上上下下的打量完阿雪，便叫阿明沒收阿雪的護照，交給她鎖起來保管：「你尫某差18歲，你看起來又擱臭老，不輸人四五十歲。某哪無管教，是會隨人走。」從阿雪進門，婆婆就沒給過好臉色：「叫妳做就做，應啥嘴？」白天阿明去耕作，阿雪跟

著婆婆去巡果園，婆婆一路上唸個沒完：「汝是阮阿明用錢買回來的，要知分寸。」說臺語的婆婆和說普通話的阿雪，從一開始的雞同鴨講，到阿雪努力學臺語，可是碰到聽不懂的、多問兩句，有時候婆婆一巴掌就呼過來，阿雪若掉下眼淚，婆婆罵得更兇：「是汝兜死人喔，要哭轉去汝雲南哭啦，別哭衰小阮厝。」

應該還算新婚期吧，天天傍晚阿明回家，會窩到阿雪身邊說說笑笑，被婆婆看見了，故意冷言冷語大聲說：「今嘛团娶某，一進門就緊趕去請安，是無看見一家人攏在等吃晚喔？」

公公接著放箭：「某不是娶來寵的，愛教；恁爸是沒教某給汝看過？」

不到半個月，婆婆每天一看到阿明第一件事，便搶著告狀：「恁某看起來巧巧啊，做事頇慢到驚死人，哪千教萬教攏教無曉？當恁是娶一個祖媽轉來奉待喔？」公公卑視的眼神，小嬸扠著腰在旁等著看笑話，讓阿明不問青紅皂白先嗆阿雪：「妳怎會這麼笨？千教萬教，都教不會聽？」然後接連一大串怒罵，阿雪只能含淚自我安慰：「聽不懂也好，當瘋狗在叫。」自己在娘家，日子苦雖苦，總

也是爸媽的心頭肉，再說爸媽間也都沒有這樣橫眉豎眼的對待彼此。阿雪初嫁來的前幾個月，想家、後悔，時時都在害怕往後的日子怎麼過下去？家鄉生活再窘迫，至少不必在被踐踏中熬日子，除了偷哭，阿雪不知道該怎麼辦。

婆婆會警告阿明：「阿雪今天不知道和誰講了很久的手機，你要注意。」於是阿明每晚檢查阿雪的手機，對手機帳單上的通話明細表細細查看，若被發現背著阿明刪了通話紀錄，那晚不管阿雪願不願意，阿明會給頓好受。深夜，在阿明呼呼大睡的鼾聲中，阿雪想起初見阿明，讓她覺得這男人像座山，能給她安全感給她依靠，加上仲介吹噓：「這阿明家不僅有多畝田地還有多座山，是有錢的地主呢！」親戚朋友知道阿雪能嫁來臺灣，都羨慕得很：「多好命啊，嫁去臺灣當少奶奶。」如果早知今日……阿雪總在哭累了中昏昏睡去。

阿明本性不壞，應該說是他的生長家庭環境，讓他不懂得如何尊重女性、疼惜妻子。

「老實說，我也很愛阿雪。」阿明很不好意思的抓抓頭：「那時在昆明，仲介先拿了相本給我們看，我直覺就指名阿雪，安排我們這團互相見面時，那麼多個女孩走進

來，我一眼就認出阿雪，這不就是緣分？不就是人家說的有緣千里來相會？」

娶阿雪回到村裡，人人都誇阿雪長得好，個性害羞溫純，阿明自是得意。可是阿明媽對阿明不肯花時間去追求臺灣女孩娶回家這件事，很有意見，看阿明偷偷對阿雪好，總不順眼，總見縫插針煽風點火：「阿雪連去買個菜都很招搖，你要小心，別被討了客兄都不知道。」這類話聽多了，結果厝邊如有男人不分年齡大小，只要和阿雪多說幾句話被婆婆或阿明看見，阿雪當場就被羞辱罵得不堪入耳。漸漸的厝邊頭尾男男女女風言四起，看到阿雪就閃人，省得惹麻煩，阿雪更被孤立無援了。

看小嬸找到工作有在賺錢，連對小叔和婆婆講話都變理直氣壯，阿雪也盤算著白天能出門工作，錢多錢少都沒關係，重點在能躲開婆婆無盡的找麻煩，給自己一點喘息的空間，可是臺灣的繁體字好難看懂。

「我可以去上學嗎？想多認點繁體字，好找工作幫忙賺錢。」一天夜裡，看阿明心情不錯，阿雪鼓起勇氣問。

「幹，攏嫁人做某，讀什冊？是我養不起妳嗎？還是妳想去交朋友？難怪阿母說汝一雙眼睛玲瓏轉，看樣子就

不安於室！」一頓狠罵後，一頓好受，阿雪徹底心冷絕望。

　　這天起，阿雪一樣大清早就開始做家事、巡果園、餵雞餵鴨，但她可以整天不開口說話，婆婆叫她幹嘛就幹嘛，不管是婆婆的挑釁或阿明的無理謾罵，阿雪如行屍走肉般面無表情，婆婆被嚇到，阿明也急了，開始對阿雪溫柔說話、帶阿雪出門逛逛、幫阿雪買買東西，可是阿雪丟了魂似的。阿明很後悔，有時候自己明明是關心憐惜，可是說出來的話就是像在罵人一樣很難聽。幾個禮拜下來，阿明不知道怎麼辦，晚上和阿雪同處一個房間、同睡一張床，面對冰冷的阿雪，阿明壓力大到不知該如何是好？

　　「我們結婚還不到一年……」

　　「我如果不愛阿雪，幹嘛千里迢迢娶她回來……」

　　「我看我爸也這樣對我媽，他們五十幾年也這樣過了沒事，而且我媽還會說知我爸這個性，有什麼好計較？我爸又沒放某放囝，人嘛是有顧家……」

　　「我以為，阿雪看久了，也會習慣……」

　　「請心理師幫幫我，要怎麼樣讓阿雪對我回心轉意，看我一眼，和我說說話……」

　　一開始臺灣人稱呼外配，是把她的國家冠在前面，稱之「××（地名）新娘」，例如大陸新娘、越南新娘、印尼新娘……彷彿帶了一個土產回家。

　　當時會娶外配的臺灣男性，其中以肢體殘障、聽障、智能不足、有精神疾病、二度婚姻、弱勢、酒癮、勞工農民較多，家人要兒子傳宗接代，有人照顧，但他們不受臺灣女子青睞，僧多粥少的情況之下，只好透過媒介的介紹而結婚。

　　自 1990 年代以來，在臺灣的大陸及外籍配偶人數快速增加，政府對於這些大陸及外籍配偶，卻還一直採取漠視的態度。政府部門直到 1999 年開始轉趨積極，逐漸開始重視大陸籍外籍配偶的權益問題。直至 2010 年，當年結婚人口的統計資料顯示，十三萬多對新人中，有五萬八

千對是外籍婚姻。根據臺灣內政部最新統計，2011 年全國統計外籍配偶數為 45 萬，100 學年度外配子女就讀小學人數多達 15-16 萬人，佔總人數 10.9%。外配家庭在某些縣市村莊，人口比例可能更高。國小、國中校方為外配舉辦識字文化班，努力協助外配融入當地社區的生活。

外配嫁到臺灣要適應語言文字文化，比較難適應的是家庭與社會對她們的態度。因為婚姻大多是經過媒介，很少數是先交往認識，結婚得很匆促，通常是幾天到幾個月，「下訂」後送到了臺灣，辦理結婚，再開始生活。這一路下來，外地女子到臺灣，人生地不熟，家人遠在千里之外，若夫家把她當成提供性服務的外勞，苦毒虐待逼迫，外配常受限於孩子還小，身分證還沒領到，護照被扣押，沒有錢，自由受限，沒有資源，求助無門、無處申訴，只得盡量吞忍，也有些忍不住、受不了而逃跑的。

幸好我們的民間社福團體，比政府早正視這個問題，提早進入社區幫忙外配。甚至提供被家暴的外配，安全的庇護安置及法律協助。後來各市的家暴中心，連結東南亞各國語言的翻譯，降低語言不通的困擾，也為外配提供了諮詢及協助。

　　先生若靠家族金援幫他娶到了外配，外配一嫁進來家中是沒有地位的。傳宗接代是義務，第一個五年要拚生小孩，第二個五年，跟孩子的隔閡逐漸出現，接下來入學後，外配懂得中文有限，更何況功課份量逐漸增加，試想一個在她的母國沒有中文水準情況下，如何幫孩子看功課？家族對外配態度的矛盾逐漸出現。

　　當外配開始逐漸建立起她的生活圈，家人擔心她會跑掉，擔心外配被帶壞，把她們當家奴，甚至當賊防範；這樣的心態，大大的破壞婚姻的平等互信互愛。不過也是因為起始點沒有足夠的基礎，嫁進來的家庭又不是夫妻兩人世界，短時間就湧進了姻親、生小孩、適應語言文化，能有多少時間可以培養夫妻間的默契呢？

　　外配當自強！阿雪的美夢很快破滅，但仍要保持希望，盡力找到自己適應求生的方式，夫家的人也才會比較多尊重。這十幾年因工作與外配多有接觸，看到很多外配堅韌的生命力，能夠離家千百里，帶著冒險精神，在異地展開新的生命歷程，令人敬佩。

　　阿明在成熟度與兩性觀念上還很幼稚，該先從「尊重、親和」的態度著手，口氣上要講對他人比較可以接

受、有所尊重的話，而不是把阿雪看成二等人。喜歡就要保護她、愛她就要疼惜她，由自己由衷表現出來的才是最重要的。不要再用「我們沒那個習慣」作為不改變的藉口。

呼乾啦

　　阿文的爸爸是土木包工，國小三年級時，阿文媽媽受不了愛喝酒的老公，先是離家出走，兩年後才正式和阿文爸辦妥離婚。

　　上國中後的阿文，在老爸三番兩次的邀約：「來、來陪恁爸飲兩杯啊！」正大光明的開始喝酒，至今已有二十多年的酒齡，從剛開始跟著一瓶啤酒咕嚕咕嚕的「呼乾啦」，喝到後來，隨老爸跑攤一次一打也沒在怕；阿文爸還很自豪以後交際應酬，拚酒後繼有人。

　　上高中後，阿文發覺灌啤酒會撐肚子，害身形走樣，年紀輕輕的就被嘲笑，便改喝酒精濃度較高的紅酒、高粱、威士忌。本來一個月跟老爸應酬喝個一兩次，後來變成父子對飲，三天兩頭在家也喝。酒精發揮作用時的微醺感覺真不錯，阿文頂喜歡的。

阿文爸酒越喝越兇，也許是老來孤寂，醉後常抱著阿文又哭又鬧，有時怨自己被酒毀了婚姻，有時又大罵離了婚的太太：「哪個男人不應酬？不喝酒？妳睜隻眼閉隻眼忍一下是會死喔？」鬧到最後千篇一律緊緊摟著阿文：「你一定不能離開阿爸，你再一走，我這輩子就一無所有了……你一定不能像你阿母一樣無情無義……」

婚後，阿文接手老爸的包工，酒越喝越猛：「妳不懂啦，男人喝酒，生意上有什麼爲難的，酒一喝、胸脯一拍，就一句話的事了啦！」阿文每次醉醺醺回家，一聽到太太碧玉抱怨，就一口嗆回去。

「你不知道你講的醉話有多離譜嗎？」這天凌晨，阿文跌跌撞撞進家門，卻見碧玉臉色鐵青的坐在客廳等他。

阿文步履不穩的跌坐沙發上、揮著雙手：「愛睏啊，麥吵！」

「城仔伊某卡電話來講，是汝家己算不對價錢，擱硬拖城仔去給人賠失禮，請人呷飯時陣，酒一喝，在客戶面頭前，給城仔罵得臭頭，城仔敢有那麼害？伊氣得叫伊某卡電話來辭頭路。」

「我哪有啦？」城仔要辭頭路？這下子事情大條了，

在這家小包工的公司，阿文這個頭家，幾乎只負責交際應酬、批帳，真正的營運，虧了念高職時認識的同學城仔幫忙，多數的人脈和工程，都是靠城仔在發落。可是現在，阿文醉到只想先進夢鄉。

「好話我今晚已經講盡啊，明天透早，緊去城仔兜給人賠失禮，好好給人按奈，聽到沒？公司若無城仔鬥幫忙，我看汝能怎樣？這麼愛喝，早晚怎麼死攏不知！」碧玉邊幫阿文喬好睡姿不會從沙發上掉下來，邊扯著嗓門在他耳邊交代：「我就不相信，酒一喝、盧未煞，能講出啥代誌？講生意，就不能清醒時陣講？真是騙肖仔！」

碧玉是個能幹的女人，雖然 19 歲奉兒女之命嫁給阿文，但對阿文對這個家，總是比阿文更認真打拚，婚後在一家特產店當店員，多年下來因為積極肯學，老闆便把網路銷售的部門交給碧玉去帶。這件事，讓阿文很不爽又自卑，電腦對阿文來說，不過是玩電玩的遊戲機，聽說網路上的外遇，可以神不知鬼不覺的「討客兄」，讓阿文在心情不好喝醉酒時，多次借酒裝瘋，逼問碧玉：「今嘛誰是新客兄？恁爸好歹嘛是一間公司的頭家，面子好歹也給恁爸加減顧一下。」

　　城仔這次似乎鐵了心要辭職，阿文心情很糟，酒喝得更兇，可是發現「很難醉」，甩不開這些煩心事，這天大中午的，就在麵攤灌了兩瓶高粱還騎車，結果摔落大圳溝，還好被路人發現叫 119 送醫急救，一到院處理後，醫生就給匆忙趕來的碧玉一張病危通知。

　　阿文媽媽從花東部落趕過來，在加護病房外抓著碧玉雙手哭訴：「阿文伊老爸，喝酒喝到肝硬化變肝癌，死的時候阿文也在身邊呀，血是一臉盆一臉盆的吐，他攏未驚？阿文萬一這關不過，放恁母子是要怎麼辦？啊伊那間公司咧？大人大種，做人怎攏沒打算？」

　　「伊那間公司——」碧玉茫然的說：「阿文顧喝酒，公司放乎城仔扶，這擺攏是阿文喝酒醉，黑白亂罵城仔乎外人看，城仔氣不過辭頭路啊。」

　　「阿文若有萬一，公司，妳敢接落去做？」面對阿文媽的疑問，碧玉搖搖頭：「這次阿文出代誌，城仔算也有義氣，答應先轉來幫忙三個月。」

　　出事後兩個多月，阿文雖然死裡逃生，卻因傷到脊椎，終身得坐輪椅，生活起居都得靠人幫忙。「我想，都變這樣了，公司就歸氣賣給城仔，乎伊歸心去經營。」阿

文做這決定，碧玉也只能點頭，阿文有漫長的復健路要走，真的也沒法再像之前去交際應酬講生意了。

復健路很辛苦，阿文脾氣越變越壞越暴躁，沒了工作的阿文成天閒閒沒事做，開始疑神疑鬼，碧玉要是加班晚回家，阿文就打電話去吵去鬧：「恁爸若不是坐輪椅行動不方便，幹，恁爸就去砸店。」

特產店老闆同情碧玉的遭遇：「反正現在都是網路在處理，妳就在家上班好了。」

看到碧玉搬回整套的電腦設備，每天坐在電腦前忙得不可開交，阿文又氣又惱：「恁爸就不信生意有這麼好，騙人沒做過生意？一天到晚坐在電腦前，生意就蹌蹌來？汝是和哪一個客兄在熱噗噗？」碧玉要賺錢養家、支付醫藥費懶得理他，阿文不知何時起，又開始喝起酒來。

一個多月前，趁小孩上學，碧玉回特產店開會，阿文借酒裝瘋，砸爛了碧玉的電腦、鍵盤、螢幕和列表機，先回家的兩個小孩發現嚇壞了，奔出家門打電話通知碧玉，忍無可忍的碧玉，當晚帶著孩子外宿，就再也不曾踏進家門一步。

由醫師轉介而來，坐在我對面的阿文，發誓說他前

天、昨天、今天通通沒喝酒，可怎麼就一身酒味？神智不清？

　　「阮老爸喝一世人，嘛常常醉到不知人，伊生意嘛是照咧接；我這擺出車禍之前，做生意嘛有咧賺錢，我厝裡也有咧顧、囝也有咧飼，碧玉怎麼就跟阮老母一樣？扭頭就走人！碧玉怎麼可以這樣就帶著孩子走？講伊外面沒討客兄？我才不信，欺負恁爸坐輪椅，不能去抓姦……」

　　喝酒，不一定可以解憂愁，有時反而愁更愁。阿文從習慣性飲酒轉成壓力性飲酒。無法正視自己依賴酒精，已經造成事業婚姻的破壞。

　　阿文從小與父親生活，年幼的心靈夾雜在父母親破裂的關係當中，也許雙親個性迥異，不懂經營夫妻關係，彼此在關係中得不到滿足，在許多摩擦下最後離婚，夫妻當中有許多心酸或委屈，這必定是當時的阿文還無法理解的，小小的心靈，沒有人撫慰家庭結構上的變化，心中必有「選邊站」的焦慮，也有「誰愛我」的擔心，甚至有「這是不是我的錯」的愧疚。

　　而父親常在阿文面前責罵和批評母親，這些負面情緒其實都是難以消化而糾結的，無形之中讓阿文捲進去父母之間的戰場。沒有意外的是，父母上一代的問題，在阿文

受挫更沒安全感後，複製到阿文自己的人生當中，也傷害身邊的妻兒。

　　阿文的行為是從自己的原生家庭中學習而來的，這整個複製的過程不是透過知識般刻意學習而來，這是心理學所指出「代間傳遞」的現象。根據研究，有多種暴力的形式會一代一代傳遞下去，像在阿文這類似家庭中成長的孩子，在稍大一些，也許會在心中立下一個「我以後一定不要成為像爸爸這樣糟糕的角色」，但無奈的是，當處在親密的關係中，因為過度的不安與焦慮，會激發藏在腦海中的深層記憶。

　　在親密關係中，在高度不安與焦慮的時候，會出現自己理性無法控制的行為，而這行為後來會被印證，與雙親中自己討厭的對象行為模式相仿，阿文與父親在許多方面非常類似，如飲酒的習慣；對自己沒有信心、對老婆逐漸也不信任；在沒有接受輔導的狀況下，會逐漸形成一個難以掙脫的惡性循環。

　　因為阿文長期酗酒而不聽勸告，老婆感到無力，但為了因應經濟壓力，所以選擇轉移注意力而專心工作，也可以讓自己，避免感受到在夫妻關係中出現的無助感。對阿

文來說，感受到最強烈的可能是疏離與被輕忽，這會勾起
幼時不安焦慮的威脅感，有可能進一步會使用更大量的酒
精，甚至最後可能是出現謾罵或暴力的行為，妻子在無法
忍受下會提出離婚的要求，阿文就會不知不覺中走向自己
父母婚姻關係的結局。

　　對於類似阿文處境的男人，在我們社會中並不少見，
如果想要扭轉局勢，挽救岌岌可危的婚姻關係，最重要的
就是從自己的改變做起，深刻反省。先中斷惡性循環，停
止使用酒精，讓自己的意識常保清醒，而不會再說出讓自
己後悔的話，或做出破壞關係的行為。再來則是修復關係
中的裂痕，透過省思或是尋求專業人員的協助，面對自己
的壓力與情緒，接納自己的脆弱面，並且與妻子在情感上
有所交流，創造出自己想要的家庭氣氛，要有自覺，別再
讓上一代的歷史重演。

第五章

你給的不是我要的

兩人世界要長長久久，不是一個人霸氣的說了就算，
要兩人都說好的，才是真的「有共識」的「算數」。

別再說是爲我好

　　楊老師今年 75 歲，跟太太結婚 50 年，走過人生半個世紀，在外人眼中是夫唱婦隨的模範夫妻。

　　若是說夫妻吵架嘛，總是難免，但楊老師在人前常自誇：「我可是太太這輩子最大的貴人，從結婚開始，對她照顧得無微不至，天下找不出有幾個太太，能比她更好命！」有聚餐時，挾菜、盛湯、剝蝦殼、挑魚刺，總贏得在座其他太太們的稱讚，逼得先生們告饒：「楊老師，請別給大家伺候太太的壓力。」

　　兒女各自結婚獨立成家後，楊老師把所有注意力全放太太身上，爲維護太太的健康，楊老師規定每天運動量、不准太太吹冷氣、不准吃冰、不可以吃生冷的食物、少吃甜食，還親自挑選食物開菜單，哪些可以吃，哪些不准吃，都嚴格執行，且沒有商量餘地。楊太太對這種限制，

當然很有意見，為了不想在只剩兩個人的家中大小聲，只能陽奉陰違，藉著跟姐妹淘逛街、聚會等理由，在外打牙祭，滿足一下口腹之慾。

楊老師歷經戰亂的年代，從小苦過來，一路力爭上游，在任教學校深受重用，不論是在同事或歷屆的家長及學生間，都累積下好風評，備受敬重。回到家，對於老婆孩子，一樣兢兢業業、一本認真的過生活，楊老師偶爾對兒女的抗議還會讓步妥協，但對太太，則沒可商量的固執。

岳父岳母都是老師，太太年輕時容貌出眾、氣質大方，當年女孩子能念到高中畢業，也算不容易，十七八歲就一直有媒人來說親，甚至連醫生世家的頭家嬤也看上她的好教養，多次託媒上門。

「要不是當年傻乎乎的，信了我爸媽的眼光被說服，就認定他的正直、忠厚、老實、誠懇，是終身最好的依靠；否則那麼多有錢人家在排隊提親，我甚至大可嫁到醫生家呢。」聽似抱怨，但楊太太說得眉開眼笑。

「那妳現在的最大困擾問題是？」我問楊太太。

楊太太嘆口氣：「因為生了三個孩子，自己的體態瘦

不回去，我雖然知道先生是為我好，但他說話太難聽，甚至當著親友面前嚷嚷，說當年讓他迷戀的那個輕盈窈窕的美麗太太，現在不能看了，吃喝還不知節制。經常嫌我太胖，逼我要去運動，要去減肥。對所有我要吃的東西都要嚴格把關，沒有他的允許不可以送到嘴裡。」

「唉！」楊太太難過的嘆著氣：「步入中年後，新陳代謝當然會有差，身材不可能跟以前一樣完美，先生只認當年記憶中的年輕美貌，狠狠拒絕接受現在年老身材逐漸變形走樣，怎麼不叫人傷心呢？原來他愛的是外表，不是我這個人的本身、內在……」其實，以年過七十的年紀來看，楊太太身材只能說略有福態，依然算玲瓏有致，並沒多臃腫不堪。

楊老師也知道惹了太太不高興，自作主張安排了幾趟海外旅遊，為給太太驚喜，故意在出國前兩三天，才若無其事的告訴太太：「後天，我帶妳出國去玩。」楊太太很不滿：「我也是個人，不是一件行李，每個人都有既定的約會或事情要做，怎麼都不會先商量一下。尊重朝夕相處的另一半，很難嗎？」這話已經說了很多次，楊老師都左耳進右耳出，完全都不當回事。

　　楊老師在外是名聲很好的老師，師專畢業後一路辛勤進修，從大學到研究所，教學、攻讀學位又兼學校的行政，職務繁重，最忙的時候，家是免費的睡覺地方。打理家事、教養孩子，幾乎都由楊太太一肩扛起，看在楊先生眼裡，總拍著胸脯跟太太打包票：「退休後，咱們衣食無慮，換我好好照顧妳，補償妳這些年的無怨付出。」

　　這幾年夫妻雙雙退休了，楊老師的「熱心」，一樣維持著忙碌的生活，很少待在家陪太太，不知是否因補償心理作祟，楊老師對太太的日常生活越管越多：「我這是關心妳，為妳好耶！」但楊太太自認婚後數十年來，她獨立帶大孩子，早有自己的生活習慣，而退休後的楊老師在家時間越長，越是管東管西，夫妻間話越說越不投機，甚至講沒兩句話就吵起來。

　　「以前，我是真的，曾經渴望先生能多點時間在家陪陪孩子、陪陪我，現在，則希望他不要像亂丟的東西，把家裡搞得很礙眼。害我待在家，也變得渾身不自在，我都這把年紀了，就不能輕鬆自在過我想過的生活嗎？」

　　退休的老夫妻，原本想像中該有的閒情逸致與悠哉生活，都隨著相處時間變長，多年累積下來的各自生活習

慣、觀念差異，因摩擦而產生的衝突越來越多。

　　「要不是看在兒女份上，我早就厭煩透了先生的自以為是。難怪日本退休後的夫妻離婚率越來越高。老實說，離婚這件事，我不是沒想過。」楊太太露出百般無奈的表情：「人家說少年夫妻老來伴，但先生好像忘記我們是位階平等的夫妻，他用不著對我諄諄告誡、誨人不倦吧？」

　　「別再說是為我好！」楊太太認為這句話，根本不懂得尊重她，無法以浪漫喜悅的心情，接受退休老伴的這種噓寒問暖。「如果他眼中有我，愛的該是自自然然的我，而不是由他雕塑模樣的我。」楊太太這下，可一語道中這麼多年來，楊老師始中弄不懂的眉角。

　　先來看一些數據，根據 2006 年內政部的老人調查報告：

　　70-79 歲組，有配偶或同居的比例是 50.02％, 喪偶為 45.86％。

　　80 歲以上，有配偶或同居是 39.29 ％，喪偶為 57.28％。

　　另一個數據是老年離婚，在臺灣有逐步攀升的現象，婚齡三十年以上夫妻離異對數，近十年來增加約 12％，是所有婚齡中最高。

　　像楊老先生夫婦還能拌嘴吵架，可見他們少年夫妻老來伴，身體還算健康，行動自如，講話流暢。退休後的夫妻相處與年輕時的狀態不同，退休後到步入老年，舉凡健康、經濟、體能、觀念與生活重心都逐漸改變，要調整心

態接受退休生活，有助於適應。反之可能因為失落，時不我與，而抱怨連連，互相影響。

根據觀察，老年期的婚姻品質滿意度，並不會比年輕時期高，有可能呈現持續的下滑，而非 U 形反轉。以前為了共同的生活目標打拚，但熟齡老夫婦的孩子都大了或是離家，夫妻兩人少了孩子作為橋樑及忙碌的對象，恢復兩人對視之後，此時女性養育孩子責任已了，不想再忍受男性老把自己當成員工使喚；而男性為了證明自己仍是不敗的一尾活龍，容易臨老入花叢。也因此，為了證明自己還有魅力，無關痛癢的外遇，或生活瑣事，便成為老夫老妻常見的兩大衝突來源。

引起吵架的多半是無聊的生活瑣事，也許是吵了幾十年，千篇一律的對話。而生活自理能力毫無進步的退休老男人，整天在家不幫忙做家事，只會嘮叨，定會引起太太不滿情緒，跟過去養家時有經濟大權的地位，不可同日而語，女性是越老越堅強，不會再像年輕時候那般的服順。

回歸家庭後得不到太太崇拜的先生，反而要小心。以日本為例，退休後還不會自我照顧的先生，反而被太太拋棄，但他們一輩子被照顧慣了，等老了反而失去妻子的侍

奉，心裡非常落魄與空洞，結果造成去故意犯罪。日本退休男性驚覺老了，惹惱妻子後下場堪憂，大聲呼籲，成立社團，轉而開始學習與妻子的相處之道，對妻子感恩、說好話。

夫妻兩人共同的長相廝守帳戶，隨著婚齡，仍要補充正面積分與能量，而非理所當然，不把對方的感受放在心上，任意提領親密帳戶，真的很快就會見底。不管以前如何，現在開始，學習以同理心了解對方，配合對方需求，不要老說老夫老妻了，一再重複地播放嘮叨。鼓勵楊先生試著以關懷與欣賞的角度，感謝太太多年的辛勞與陪伴，學學有話就婉轉好好說，別再錯用挑剔的負面言詞，讓自己惹人反感。

回頭草

　　翰林在生日前夕，決定坦然面對與前妻分手的眞相，
爲的是讓母親不用再背著「苛刻婆婆」的黑鍋，自己也徹
底甩開外傳閒言閒語的包袱，安心的牽起眞正一路走來攜
手奮鬥、相知相惜女人的手，讓女兒可以沒有心結芥蒂的
祝福他再婚。

　　自幼家境優渥的翰林，父親擁有多家世界名牌家電的
代理權，又投資開了三間連鎖餐廳，獨門獨院的豪宅，可
爲國外貴客的來訪開 Party，車庫中停著三部總價上千萬
的頂級房車。剛滿 18 歲，翰林駕照一考到手，就開著雙
門敞篷車上學，不只全校師生咋舌，簡直轟動校際。

　　翰林呼朋引伴出手闊綽、人緣極佳，身邊不乏女孩主
動示好。長相嬌小秀氣的采雯，是翰林念五專時的同班同
學，采雯的清新、羞怯，引起了翰林的注目，而采雯早就

被風姿翩翩的翰林吸引，如今能得翰林的青睞，灰姑娘般的遭遇，讓朵雯常覺得如夢般不實在，對翰林，總在看似不經意中，小心察言觀色、刻意的投其所好。

當翰林第一次帶著朵雯上名牌專櫃，毫不猶豫的幫朵雯選了件春裝，看到金額，朵雯掉下淚來：「我一整年的置裝費，還不及這件衣服的半價再半價啊！」朵雯的淚，讓翰林更加憐惜心動。而朵雯善解人意的表現，越來越擄獲翰林的心；讓翰林覺得他和朵雯，活脫是瓊瑤小說裡走出來的人物——貴公子與灰姑娘之戀，這輩子，他和朵雯，必然是生死相許直到白頭。

公務繁忙的父親聽到翰林交了女朋友的風聲，藉著與兒子難得一起吃飯的機會，冷冷交代：「你才幾歲？急什麼？不需要這麼早就定下來，多交往、多認識幾個體面的女孩比較好，朵雯不是我們家能門當戶對匹配的媳婦。」這話聽在初戀的翰林耳中，格外刺耳。

翰林也真很難幫朵雯跟父親辯駁些什麼，朵雯家境不好，雖是家中排行最小的老么，上面還有五個平平凡凡過日子的哥哥姊姊，年齡都比她大好多歲，父親已經過世，母親也年老多病，家沒房產的老母親，輪流在三個哥哥家

住。嫂嫂們總說：「采雯畢業找到工作，沒結婚前，總該分攤一下照顧的責任，輪流接妳媽去住一段時間吧？」

翰林滿心疼惜采雯的自立自強：「要是我像妳這樣的處境，一定很難生活下去。」

無奈翰林爸是商場響叮噹的名人，論學經歷，采雯家平凡到沒有一個人可以上得了檯面。翰林偶爾帶采雯回家，都要避開可能會跟繼母、同父異母弟妹，甚至幫傭、園丁或司機見面的時間，以免碰了面，一談起話來，只有徒增彼此間的尷尬。

20 歲那年，爸爸生意上被同行覬覦算計，造成巨額的損失，連鎖反應下甚至周轉不靈，即使認賠變賣資產，還是軋不過來，被迫宣布倒閉，一切歸零外，還負債累累。現實讓翰林回到與爸爸離婚已久的媽媽家住，媽媽沒有像爸爸那樣看不起采雯的家世，畢業當完兵後，在媽媽作主下，如願跟采雯結婚了。

遭遇家境由奢入儉的翰林，一時間當然很不習慣，原來的敞篷跑車因養不起而被迫變賣，換成了野狼 125 機車代步。退役後，翰林找到一家科技公司，當起低底薪、論業績獎金的業務代表。不再是豪門小開了，務實的媽媽

也不會像之前爸爸那樣出手闊綽的寵著。翰林與新婚妻子跟媽媽一起住在沒有電梯的老公寓，第二年女兒安安出生，祖孫三代一家四口，讓媽媽很高興家裡終於熱鬧起來了。

　　但畢業後任職證券公司的采雯，隨著業績好、職務升遷快，所接觸到的客戶往來無泛泛之輩，企圖心跟著大膽起來。從十幾萬入門的小玩股票，嘗到甜頭後，變成幾十萬，然後破百萬，在金主客戶的支援鼓勵下，玩起刺激的當沖，直奔千萬進出的投機客。

　　同學五年，婚後不到三年，有天中午股市收盤後，采雯約了翰林吃中飯，才上前菜，采雯便迫不及待、毅然決然跟翰林攤牌：「人往高處走，水才往低處流，我要和你分手。」

　　「是怕我養不起妳嗎？」這些年來，職場的不盡如人意，眼看采雯的一飛衝天，翰林知道遲早要發生的事，還是發生了。

　　「請睜開眼看看我這一身的行頭，我身上的哪一樣東西是你買得起的？手錶？眼鏡？衣服？鞋子還是皮包？更別提能看得入眼的首飾。」

　　看著垂頭喪氣的翰林，采雯說得直接：「我要拚自己的前途，女兒呢，還是給你媽帶，我什麼都不會從家裡帶走；再說了，你家今非昔比，有什麼能讓我想帶走的？我，今天就走！」

　　翰林心一橫，決意掀開心中的猜疑：「結婚前，我爸已經破產了，當時，為什麼還肯嫁我？」

　　「一來，那時候我還是愛你的，浪漫的一心想與你同甘共苦；二來，你媽住的地方，可是市中心精華區的房子，雖是舊公寓，倒也寬敞，房價也不可小覷；家裡擺設雖不奢華，但也看得出有些家底，再說你是獨子，你媽會忍心眼睜睜看你由奢入儉的吃苦受罪嗎？」

　　「可惜，妳看走眼了是嗎？」翰林淒涼一笑：「我媽的所有，是她憑自己努力工作賺來的，老實說，她連我爸要給數千萬的贍養費換自由身時，她都可以一毛不要；妳，真錯估了我媽的價值觀。」

　　從那天起，采雯再也沒進過家門。

　　兩天、三天過後。

　　「你們吵架了嗎？」

　　面對媽媽的疑問，翰林無語，但心中仍偷偷期盼采雯

只是在使性子，她在抗議，討厭家事和小嬰兒一直煩她。

　　一個星期過去、半個月過去……

　　「孩子還這麼小，去把采雯接回家吧？」

　　翰林無語外，眼神茫然，他不知道為什麼戀愛時、甚至爸爸破產時，信誓旦旦甘苦與共的采雯，會如此決絕？可是自己除了家境天壤之別外，愛采雯的心從未變過。

　　翰林日復一日的頹喪憔悴、深夜灌悶酒、隔天宿醉到沒法去上班，有一搭沒一搭的業績……失了業的翰林，瞞著媽媽假裝出門上班……．媽媽也心知肚明，默默的幫忙支付小孫女的保姆費、奶粉、尿片等等的開銷。瞞著翰林，翰林媽私下約過采雯，想和她談談，面都還沒見到，電話那頭，采雯趾高氣揚的說：「做人要有自知之明好嗎？你們母子別老纏著我，休想要我回頭！」

　　「妳一點都不想自己的親生女兒嗎？」

　　「請妳搞清楚，女兒跟我姓嗎？只要我榮華富貴，日後隨時想招手，安安都會飛也似的回到我身邊。」

　　翰林媽對采雯徹底失望，再也不在翰林面前說些什麼前塵往事，邊上班邊一手照顧小孫女成長，一心希望翰林能早日站起來，沒有後顧之憂。翰林看在眼裡儘管深受感

動，卻跨不過重創後的心中那道鴻溝。

　　翰林 26 歲生日那天，一家三口吹熄蛋糕上的蠟燭，兩歲多的小安安，爬在翰林身上，粉嫩的雙手圈住翰林脖子，親著翰林的臉龐：「爸比加油呦！」當場，翰林一愣、淚如雨下，小女兒雙手一直努力的幫忙抹掉淚水：「爸比不哭哭、奶奶愛爸比、安安也愛爸比！」女兒的童言童語，讓翰林哭得一發不可收拾，一夜痛哭過後，翰林覺得自己重生了。

　　翰林將生活重心全擺在工作上，即便是從基層的房仲小業務出發：「安安就拜託媽幫我！」翰林媽給兒子一個大大的擁抱，心意相通的母子，言語多餘。

　　源自失婚的一蹶不振，在翰林的重新出發後，隨著全球經濟的復甦，翰林身上天生的生意人基因，讓他勢如破竹的大展鴻圖，進而被外派大陸開疆闢土。而股市的崩盤，讓采雯大起又大落，看到翰林的榮景再現，悄悄先找上了大學的女兒試探：「想不想看到爸爸媽媽，和妳天天幸福的生活在一起呀？」采雯順手拿出最新款的智慧型手機送女兒。

　　從安安懂事以來，每次媽媽想看她，就非得馬上就看

到不可，但若是安安想主動找媽媽，卻得看采雯心情如
何。翰林失意的時候，采雯在女兒面前鄙視的數落翰林不
爭氣外，冷嘲熱諷當年和翰林媽住在一起時，又不是沒能
力請幫傭，還要求她分攤家事，過日子精打細算，把錢守
得緊緊的，連她花錢打扮都有意見，簡直跟守財奴沒兩
樣……可是這麼多年下來，安安和爸爸、奶奶生活在一
起，眼見為憑，清楚知道帶她長大的奶奶和爸爸，不是如
媽媽所形容的，反而這麼多年來，奶奶和爸爸都不曾對媽
媽口出惡言。即便是股市大多頭時，采雯花錢在女兒身上
也是一擲千金，但安安與她，卻保持相當的距離。

　　面對采雯的說詞，安安沉默了一會，把沒開封的新手
機推回給采雯：「這十年來，季阿姨對爸爸好，對奶奶、
對我都很好；我或爸爸生病，在身邊無微不至照顧的人是
季阿姨，近幾年奶奶身體不好，對季阿姨的依賴越來越
深，爸爸常出國，有季阿姨幫著爸爸照顧這個家，我和奶
奶很放心；我真心希望爸爸幸福。」

　　采雯錯愕的盯著女兒：「那個、那個，自知和你爸一
點都不登對，連名分都不敢要的庸俗女人，你們也好？」

　　「季阿姨認識爸爸的時候，爸爸還只是個被業績追著

跑，拚得沒日沒夜的房仲，家裡有老有小，季阿姨沒有瞧
不起他，我念國中時，奶奶意外跌斷了腿，行動不便，是
季阿姨的幫忙，爸爸才能放心去衝刺業績，才能翻身。」

　　「可是，我才是妳爸刻骨銘心的初戀。」

　　「所以當年妳敢把他傷得很深、很重！」

　　「這證明我才是他所在乎的最愛！」

　　「現在──」安安眼神清澈的看著采雯：「妳只是生
我的媽媽，早已不再是爸爸的另一半了。」

　　相愛容易相處難，沒有兩敗俱傷的好聚好散，更是難上加難。學生時期的戀愛到了出社會，還要面臨再一波工作後人格與價值觀的改變。

　　關於初戀，四五年級生，對作家瓊瑤女士一定不陌生，瓊瑤著有多本膾炙人口的小說，並一再翻拍成連續劇與電影。對當時年輕人的「愛情觀」影響很大，虐心程度越強，越表示彼此「非卿不娶；非君不嫁」的生死相許。年輕人總嚮往談了戀愛，認定對方，就要走上結婚禮堂，而且最好是第一次就成功，這個過程講求的是「魔法式」的結合，跳過了彼此不同時空的探索、認知與磨合。

　　社會心理學家Robert Sternberg對戀愛的研究指出：完美的愛，是由浪漫激情、彼此熟悉的親密感、承諾，這三個重要部分所組成，缺了某一角，都會使得愛變得跛腳

不完滿。相戀的情侶，一開始雙方產生的激情，是性的化學作用，對誰看對了眼，產生的生理反應，每個人青菜蘿蔔各有所愛，進入關係中，強調的是彼此的包容。有了約定，熟悉、信任，才是關係持續的保證。浪漫的激情，以新鮮感為主，維持的時間短暫，保鮮期約在三個月到一年左右會消失。翰林迷惑愛情堅貞不變的神話，在采雯離去後無法放手，或許可能與父母的離異，讓他不想重蹈婚姻失敗的命運有關。

　　當有了孩子，大人分手時，要考慮的不只是大人自己的去留，還有日後在孩子面前談起對方時的態度，用的字眼與詞彙，都會影響孩子思索自己是否被愛？是否有安全感？對兩情相悅有沒有信心？會不會覺得有錢沒錢才是重點？這些都是要到孩子大一些後才知道，離婚當時大人的態度，給了他們什麼樣的影響。大人克制不住在孩子面前攻擊另一方，要求孩子評評理，當孩子還小，為了保護他認同的父母，難以消化這種敵意，最後轉嫁成情緒行為的困擾出現。

　　我們只能說，原生家庭代代之間相處模式，影響子女真的很深很深。檢討要從家庭的變動，對父母離異的歸因

開始談起，而不是只有檢討采雯見錢眼開的離去。因父親的事業版圖大起大落，帶來原生家庭的變動不止一項，遠遠超過孩童時期的理解。也許很難平心靜氣，看到夫妻之間價值觀的差異，很可能再度落入眾人皆負我的悲劇情結，要靠著過度的付出與打拚，來抵銷不安感，這對於再次追求幸福會有所遲疑。

別人給的是一回事，自己能夠走出逆境絕對是另一回事；父母其實無法允諾孩子一個完美的生活環境，但是可以盡力培養孩子有面對挫折的復原力。人生總會面臨各種壓力和挫折的挑戰，每每從生活上的不順，遇到難搞的同事、老闆，被人誤會，被破壞名聲，跟另一半吵架甚至分手離婚，一大堆的帳單，被倒帳；到突如其來的重大打擊，氣爆災難、失業、老婆跑了、失去摯愛親人、得癌症的壞消息……都是給我們鍛鍊從谷底反彈的能力；重新振作，走出困境，就像擠壓後的橡膠，會再回彈。

長遠看來，再婚對幸福與健康是有幫助的。內政部統計處發現，十八歲以上可結婚人口，各年齡組的死亡率，都以有配偶者最低，離婚、喪偶、未婚等各類型單身者死亡率遠高於有配偶者。再婚前，要越過前次離婚的陰影，

了解與檢討「雙方」當時婚姻不能繼續的原因，不要對過去的歷史避而不談。當與新的交往對象誠心面對，互相理解與鼓勵，再開始時，有比較高的成熟與準備，也會獲得更多祝福，好好把握更幸福的第二回合，是從谷底反彈的時候，請勇敢出發！

最高品質靜悄悄

　　坐在我面前的謝太太美玲，從進來就滔滔不絕的一直說、一直說，抱怨結婚這八年，她跟先生過著「最高品質靜悄悄」的生活；但這種高品質，讓美玲想要離家出走。坐在美玲身邊的謝先生，表情真的很平靜，彷彿這些抱怨對他來說，習以為常。

　　「八年前，網路交友很盛行呀，沒辦法，我身邊的男性友人都把我當哥兒們，我只好上交友網站去試看看，反正若是當真有緣，千里姻緣也會一線牽的。我別出心裁的網頁，果然吸引不少男生前來留言。」

　　美玲指了指謝先生：「他的留言，總是誠誠懇懇的，相較於那些浮華不實的花言巧語，或是言論尖銳批評時事的網友，他的心平氣和很與眾不同，讓我很有安全感。」

　　但是仔細看的話，他們的興趣差異很大；美玲喜歡社

交，謝先生比較喜歡大自然、動物。就以看電視來說，美玲愛看時尚流行、女性談話節目，「這樣聊起天來有話題啊！」謝先生愛看的則是 Discovery、國家地理頻道、動物星球等，婚後為了實在很難湊在一起看電視，變成先生在客廳看他的頻道，美玲則到臥房去看她愛的節目。至於碰到要解決的家事，謝先生幾乎都沒意見、美玲決定什麼都好。日子一久，美玲乾脆連商量都省了，自己拿主意就好。

兩人第一次見面，美玲對謝先生「沉穩」的印象不錯，一開始就大方直說：「我希望，我們能以結婚為交往前提。」謝先生也直點頭表示想法一致，這讓謝太太感到很安心。「比起其他約見面的外貌協會網友，先邊跟妳哈啦鬼扯，邊看妳是不是玩咖，要談點正經的，他們興趣缺缺。現實中誰有那麼多閒工夫，老在沒進展的約會中消耗青春，這點，他就誠意十足多了。」

兩個月後，美玲主動要求彼此家人見面，謝先生也沒有意見，美玲覺得這個男人真好，事事依她。謝先生母親早逝，父親再婚定居寧波老家，對謝先生婚事，父親完全沒意見，這樣的婆家讓美玲很放心。帶謝先生見了家人，

當時美玲的爸媽兄姊，圍著謝先生談天說地，他也很禮貌的對應，讓美玲家人都很滿意，甚至私下催美玲：「想不到網路上也能認識這麼誠懇的老實人，在被別人發現前，趕快結婚吧，妳都三十六了，女人青春有限。」得到家人的支持，美玲如吃了定心丸，快快樂樂當了新娘子。

從三十歲起，美玲也多次相親，常參加公司之間舉辦的聯誼活動，多次總沒下文，到三十六歲，終於遇到了穩重又和氣的老公，美玲覺得老天爺賞了個一百分的終身伴侶。

「婚前，都有沒有遇到任何因討論而起衝突的事嗎？」我對於兩人怎麼面對衝突、處理衝突，比怎麼順眼然後結婚更加重視。因為如果進入婚前的準備階段，兩人都沒有吵過架，那麼吵架就是留到婚後了。

美玲開使嘆起氣來：「我要的不多，但是這幾年下來，很悲哀，連吵架也是吵不起來，他就像一大團的棉花，一拳打過去也是白搭，毫無反應。在家我常年似乎都是在對著空氣講話，他惜話如金，反倒我像個神經病，在自言自語自問自答。」

謝先生不知道自我沉思到哪去了，雙眼直視前方，和

顏悅色，不聲不響。

「謝先生？」聽我叫他，他回神不好意思笑了笑。

「你有感覺到太太很喜歡你，但不喜歡你沒有對話的互動嗎？」

等了好一會。

謝先生終於「嗯！」一聲，再也沒有其他字出現。

「哼！」美玲火氣上來了：「他的嗯，代表知道了；啊，代表疑問，沒聽清楚；喔，代表就這樣；好，代表沒意見，妳作主就好。這就是平時我們夫妻間的對話，他通常就一個字解決。」

「請問謝先生，跟其他人也是這樣嗎？例如同事、朋友？」

「看講什麼。」意思是話題對了，他是可以打開話匣子的。那哪一種話題，是可以引起謝先生興趣的呢？問美玲，她茫然不知的搖頭。

謝先生並沒有其他的精神疾病或暴力傾向，就是異常的沉默寡言，假日也不想出門，可以一個人靜靜的上網「瀏覽」，而不是玩遊戲或上社群網站互動。

家人跟朋友都勸美玲：「謝先生只是無聊了一點，沒

有外遇，沒有棄家不顧，對婚姻標準不要放那麼高，現在壞男人很多，好男人是保育類動物，要珍惜才是。」

美玲紅了眼眶：「很懷念以前透過網路聊天，那時候，他每天還能打出好幾百個字，他文筆不錯呢。也許——」美玲牽起謝先生的手：「我們一起去開個臉書吧！」

　　在智慧型手機、平板電腦大量普及問世後，越來越多人仰賴 3C 產品，一起生活的家人，反而無法面對面的講話。青少年更加嚴重。大家透過 3C 看世界，一個人一個螢幕就可以過一天。如果，兩人的認識是透過網路交友，這種不是即時面對面的平台，可以遮蓋許多缺點，一開始認識人需要靠它，但到面對面實地相處，才是了解與真實互動的開始。

　　結婚後才發現先生異常的文靜，美玲其實大可別急著跳腳，婚前婚後，夫妻雙方都要了解彼此是來自不同生活背景的人。內向沉默不是病，也不是缺點，是時間太短，「來不及」察覺到。美玲一開始只先確認謝先生是不是壞人，沒有全面了解彼此個性上的差異，或者這樣的差異會到怎樣令人無法忍受的程度。沒有時間真正相處，光用看

的，是很難看出端倪。

　　溝通是需要學習的。無話可講的情境是不是一開始就這樣，還是發生哪些事件後，才走到這等局面？檢視兩個人的溝通到底發生了什麼事，也許，當時的沉默沒意見，讓謝先生贏得讚美，那怎麼婚前看是好的，婚後又變成了不好？會讓人不知道怎麼做才好。除了語言溝通，非語言溝通也是一種方式，用動作眼神表達善意，只要對方不是塊木頭，都有機會改善，不要輕易陷入僵化不滿指責的模式，讓謝先生總是感到美玲開口都嫌棄他、指責他，一旦謝先生自動耳朵關機就不好了。

　　這對夫妻目前的任務，就是要看怎麼突破差異，人生路還很長，事情也會一件一件的發生，僵化無語的情境的確需要破解。建議從以下方面著手：

　　John Gray，是《男人來自火星，女人來自金星》這本兩性暢銷書的作者，他提到男性和女性在心理方面，有著先天的分別，若要保持兩性關係的和諧，只能夠坦然接受兩者的分別，而不是千方百計的想要消除這分別。靜下心來看彼此個性的差異，接受彼此個性，便可以找出調適之道，若硬要把對方完全改成自己要的樣子，恐怕日子也

很難過得下去。

　　培養默契，不要依然各做各的。要找出表達善意的動作，拉近空間距離。減少孤獨寂寞不被注意的哀怨。從一起散步、運動、採購，一起煮飯、洗碗、泡茶、看電視都好，從共同參與某種活動作為開始，就會有共同的經驗與話題產生。

　　遇到意見不一時，試著說說看。有人很怕吵架，但是吵架本身也是一種溝通模式，只要有建設性的吵，而非惡言惡語亂吵一通，例如人身攻擊、指桑罵槐、翻舊帳，自怨自艾，一意抹黑栽贓搞破壞，這樣不理性的吵下來，只有更落得雙方持續「保持距離，以策安全」。

第六章

經營幸福

天下沒有一蹴可得的幸福，在修得正果之前，每一種
歷練，必有它的美意，何不坦然接受、沉澱，重新出發。

姐姐，請相信我的誠意

　　Jack 結婚十週年的 party 浪漫溫馨，會場佈置的影音與照片，記錄 Jack 夫妻認識以來的點點滴滴，在玫瑰花香與香檳交錯中放閃。

　　公司新進同仁，很訝異鮮少露面的 CEO 夫人美瑛，經過精心打扮，看不出比 Jack 大上那麼多歲。美瑛端莊成熟、內斂沉穩，和 Jack 敢衝、愛冒險、一刻不得閒的個性天差地遠，真不知怎麼能湊到一起，且從他們夫妻間不經意所流露出的神色，又深情款款。

　　Jack 爸媽是家族事業的第二代，手足間的競爭難免，第三代從小就被刻意的栽培，希望他們有國際觀，有好的外語能力，回臺灣能有不一樣的經營成績。排行老么的 Jack 從小就被送出國當小小留學生，大學畢業後返臺，在家族企業的工廠任職。

　　Jack 從小就熱愛大自然，喜歡運動，國外的教育重視孩子的體育發展，這點讓 Jack 如魚得水，舉凡游泳、爬山、溯溪、海釣、挑戰越野賽車，都是他喜愛的活動，要不是父母堅決反對，Jack 早就去考飛航證照了。

　　進入家族事業，Jack 沒有特別喜歡或不喜歡，更談不上積極鑽營，如果可以的話，他很希望能自己創業，回臺時，看到哥哥受父母之命，要在第二代中拚出成績所背負的重責大任，覺得若不幫他一把，實在說不過去，到底從小離開父母在國外生活，和哥哥之間有著患難與共的革命情感。

　　Jack 最感興趣的事，是那種燒大錢的做研發，爸爸很有意見，但哥哥會挺他。哥哥結婚，也是奉父母之命；Jack 覺得哥哥「太乖了」，婚姻大事應該自己作主，但哥哥說：「如果我這樣做，能讓爸媽多些安心，娶誰有什麼差別？每天忙不完的工作幾乎耗掉我所有的精力，剩下的時間連睡覺都不夠，和誰成家有差嗎？我們夫妻間能有多少時間相處？」

　　第一次跟著哥哥參加扶輪社活動，Jack 喜歡這樣的社團，聚會不是只在於社交、吃香喝辣、展現人脈實力，

而是「服務」，即便是遠征窮鄉僻壤，對 Jack 都是莫大的吸引，樂於奉獻參與。

當時已 31 歲的美瑛，在參加任何服務活動時，她的專注、與人互動的體貼、對老人的溫柔、對孩子們的親和，讓 Jack 刮目相看。但離開這些被關懷的弱勢族群，美瑛和不熟的任何人，特別是男士，都是保持距離的客客氣氣。

Jack 太好奇了，忍不住「若無其事」的私下打聽。

「三年前的美瑛，才不會這樣！」扶輪社的琴姐告訴 Jack：「美瑛算是我們的核心會員了，她初來時，是多討人喜歡的女孩，有她在的地方，總是大夥嘻嘻哈哈熱鬧得很，美瑛一往情深的等了她的初戀男友十年，三年前，那個混球竟然毫無預警的發了通簡訊告訴美瑛：『臨上機赴美完婚前，謝謝妳為我的人生，留下不可磨滅的美好回憶。』然後，真的就一去不回頭，算他夠狠、夠絕情，就一通簡訊，十年感情一刀兩斷；痛不欲生的美瑛，還好有我們陪著走過那段日子，你現在看到的美瑛，是把男人列為拒絕往來戶的。」

費心找各種機會，Jack 想著法子接近美瑛，倒也不

是同情她的遭遇，而是素雅的美瑛，眉眼中不經意流露出的失落，即便是淺淺一笑，也有抹不去的憂鬱，這都讓Jack魂牽夢縈。英挺的儀表加上家世，圍繞在Jack身邊的女孩們，無不盡量刻意展示自身的美麗動人之處，常常Jack會想：「幹嘛一定要這樣矯揉造作？」

琴姐眼尖有天發現了Jack心事，問得直接：「你不介意美瑛大你這麼多歲嗎？」

Jack堅定的搖搖頭。

「你該不會是對美瑛一時興起吧？」

「我的樣子像玩弄感情的人嗎？」

「你覺得追美瑛，過得了你父母那關嗎？」

Jack沉默了好一會：「從小，我就不像我哥那樣唯命是從。」

慢慢的Jack暗自高興，因為發現美瑛喜歡大自然、喜歡運動。有回美瑛在登玉山攻頂後，張開雙臂，難得笑開懷的對Jack說：「與大自然相處，比跟人相處，要自在舒坦多了。」Jack覺得，或許是情傷，讓美瑛寄情山水間，許多女孩對戶外運動避之唯恐不及，怕曬、怕累、怕風吹雨打……而美瑛卻那麼暢開懷的去擁抱和享受大自

然。

「Jack 在追美瑛。」這樣的悄悄話不知怎麼變成了公開秘密，美瑛不再參加 Jack 所主辦的任何活動，甚至只要 Jack 出席聚會，美瑛一定缺席。Jack 想約美瑛一談，美瑛的標準答案千篇一律：「不好意思，我正在忙。」

風聲傳進 Jack 媽的耳裡，瞞著 Jack 爸，媽媽說：「美瑛是個不錯的女孩。」

Jack 賊賊的反問：「做過身家調查嘍？」

媽媽笑了出來：「就是年紀比你大了些。」

Jack 正要反駁，媽媽舉手制止：「我自己親生的兒子我會不懂嗎？雖然你沒跟在我身邊長大，你和你哥，簡直兩個德性──」

Jack 不好意思的抓抓頭。

「如果你是認真的，媽會支持你；如果你是新鮮美瑛大不同你身邊的女孩，想過個水的話，媽勸你，美瑛曾在感情路上狠狠跌過，別再傷害人家了。」

多虧了琴姐從中美言，美瑛決定和 Jack 吃頓飯，把話說開也好。

「請相信我不是隨便的人。」Jack 開門見山直說：「是

我的什麼？讓妳這麼閃躲？」

　　美瑛咬著唇，深呼吸口氣：「你還年輕，人生的滄桑，你還不懂。」

　　「請舉例說明！」

　　Jack 突來的咄咄逼人，把美瑛嚇一跳，這例要怎麼舉？美瑛壓根兒也沒在 Jack 身上用過心思。

　　「請別用妳的眼看我，請用妳的心，要多嚴格就多嚴格的考驗我，我接受妳的任何考驗。」

　　那餐飯，兩個人都吃得五味雜陳、食不知味，飯後，美瑛還是不肯讓 Jack 送她回家。只是之後，美瑛倒也嘗試接受 Jack 的邀約，爬山、溯溪、夜釣、攀岩、露營……從國內到國外，Jack 讓美瑛看到，在陌生的崇山峻嶺或湍急溪流中，他是如何悉心的呵護著女伴。

　　相同的嗜好、價值觀，在大自然中坦坦蕩蕩，少掉裝腔作勢的面具隱藏，加上琴姐、Jack 媽的敲邊鼓，Jack 和美瑛結婚那天，Jack 哥開玩笑的一拳搥在弟弟身上：「好樣的，下輩子我們兩兄弟對調，換你當乖兒子，換我任性一下。」

　　有些人的門當戶對，是基於年齡、財力、學歷、外表長相，有些人是看個性、價值觀相近。搭配好的條件，好像可以讓未來婚姻之路省力不少，親密關係品質最重要的還是以彼此投入的意願與程度為主。

　　Jack 從國外回來，受外國教育比較開放，比較重視個人的內在價值；他的家庭教育有別於傳統臺灣親職養育的觀點，採取開放開明的溝通方式，出發點是關懷而不是限制。排行別也有關係，一個家族裡面長子通常承繼著家族的期待，限制比較多，老么則是比較自由自在，敢衝或是反過來被保護、依賴。

　　Jack 甫從美國大學畢業回臺，認識美瑛不是在光鮮亮麗的應酬場合，而是參加扶輪社的社區服務活動，看見美瑛主動關懷弱勢，具有善良的社會意識，親和熱誠的態

度，又在大自然中，看見她的獨立、勇敢、不屈不撓；這些都讓 Jack 怦然心動。

　　Jack 極早展現了創業家的冒險與挑戰的特質，謹慎評估與大膽追求，動機強烈，勇於表達，不是那種一被拒絕就打退堂鼓的人。未來創業過程，沒有只贏不輸的生意，一定是要過很多關卡，Jack 很清楚自己想要找的對象，不是在家享福納涼過日子，可能還要陪同他創業過程中，當他沒日沒夜的工作時，另一半有自己事業，或是贊助社福企業，可以造福更多人群。

　　當前的美瑛就有那麼多優點，出身豪門的 Jack 並非膚淺的等閒之輩，不是那種只追明星、愛小模的公子哥兒，因此不至於把年齡差距，看成是什麼不得了的問題；且重點是 Jack 與美瑛，兩人的智慧相當。幸福不是從天而降，別以為嫁入豪門，就以為財富是取之不盡用之不竭。幸福是公平的，只為努力與感恩的人開啟，熱心與長期支持社區服務，是美瑛原本的生活方式，或許旁人都能感受到情傷的威力，但透過服務社區作為轉移，就算懷抱著情傷也沒有使她頹喪。

　　創造幸福是一種能力，還好美瑛沒有不再相信愛情而

逃掉。兩個人終於一起努力的抓住了幸福！除了兩人都是扶輪社友，扶輪人「心中無恨、腦中無憂、生活簡單、多些付出、少些期待」的精神把他們拉在一起，同樣是他們共同認同的核心理念。

透過動態的社團活動，是比靜態的資料條件評比，更可以看出彼此的適合度。祝福天下尋找有情人，看大重點，不要被枝微末節的小地方給困住。還有以下這些能力跟幸福有關——

自立利他：

從社團活動中，比較可以看到一個人做人處事的態度，不是侷限於兩人約會的場景，觀察的範圍擴大，包括對自己、對他人及對社會，可以全面性的了解一個人在社群所站的位置，是為己私利，還是關懷他人；是誠懇一致，還是牆頭草。

有正向思考，解決問題的能力：

看事情角度是樂觀正面的，較能夠將負面的情緒控制做轉換，對很多事情比較能夠迎刃而解。

有願意一起成長的動力：

能夠廣泛性的互相切磋、學習、互相討論，才是親密

的伙伴。且關心對方，為對方積極謀福利；肯定對方的價

值，不管對方有什麼優缺點，都珍惜他、重視他。

重組家庭

　　陳先生 35 歲時與離婚一年的阿眞變成一家人，當時阿眞還帶著兩個小孩，一起重組新家庭。

　　阿眞從前夫家剛搬出時，心情很糟，手頭很緊，前夫外遇，不給錢養家，婆婆還要她爲了孩子忍耐，得睜隻眼閉隻眼，吃定學歷不高，一直不曾上過班的阿眞，沒什麼工作能力。

　　前夫變本加厲，公然帶著外遇對象出雙入對。阿眞忍無可忍簽字離婚，兩個孩子前夫也不要。「反正新歡還會生，我幹嘛留兩個孩子下來，把新家的氣氛搞得烏煙瘴氣，跟自己過不去。」至於贍養費、孩子的教育費，前夫這麼說：「白紙黑字寫又怎樣？我沒錢給就沒錢給。」

　　阿眞只能先租間頂樓加蓋的房間安身，好在娘家開早餐店，大清早上阿眞幫忙後，趕去幫人家做計時清潔工，

平均一天接三家，上午一家、下午兩家，想多賺點錢支付
孩子的開銷。兩個孩子大的姊姊，讀國二，小的阿弟，讀
小五。阿真忙完，一定趕回來做飯、陪孩子吃晚飯，陪著
小孩做功課，她不希望孩子從爸爸家搬出來，變成沒人管
的樣子。

　　陳先生常來光顧早餐店，剛開始，陳先生看不出阿真
已經 38 歲，熟了就不免多聊幾句，聽說阿真是辛苦的單
親媽媽，陳先生有時會帶些贈品的文具給阿真：「別謝我
啦，這些都是些贈品，我又沒花到錢，反正我是孤家寡人
一個在臺北工作，又沒小孩，也用不著這些東西，拿給妳
不過是物盡其用罷了。」

　　阿真跟前夫是國中時候的同學，後來前夫讀了軍校，
當職業軍人，隨著軍隊移防，有時在北部，有時到外島，
算一算，每年真正住在一起的時間，不到百天。前夫當了
十年的職業軍人後，在兩年前申請退伍，才真正住在一起
過生活。等真正住在一起了，才發現彼此有很多習慣不
同、價值觀念也不同。最嚴重的是，前夫好像還有其他女
人，當年會匆匆結婚，是因為懷了孕，在保守的小鎮上，
不得不趕快先完婚再說；反而是十年後真正生活在一起，

阿眞才開始認識前夫是個什麼樣的男人。

　　陳先生在假日早上，會主動找阿弟去運動場打球，有時會開車載阿眞和兩個小孩去賣場買日用品，或去看看電影，或去遊樂園玩玩。陳先生告訴阿眞：「我是獨生子，喜歡熱鬧的氣氛，一個人假日在家，既無聊又孤單。」阿眞覺得陳先生對她一家太好，當陳先生再提出一起出遊或去賣場採購時，阿眞開始找藉口婉拒。陳先生找阿眞媽媽幫忙問問看，到底發生了什麼事？

　　「我的情況妳又不是不清楚，幹嘛去耽誤人家？再說了陳先生是獨子，他父母會同意他要一個離了婚又拖著兩個小孩的女人嗎？還有，當陳先生是朋友，孩子或許還能接受，要談其他，別忘了姊姊現在是叛逆期的青少年，我生活壓力已經夠大了，不想再多找麻煩。」

　　阿眞媽想想也對，便轉告陳先生阿眞的想法與顧慮，沒想到陳先生信誓旦旦的強調：「當然，我可以找更年輕沒有結過婚的女人，但我清楚我要的家庭，就是阿眞跟兩個小孩，我們要一起生活！一家人的意義，不在於血緣，而是因爲我愛阿眞，我也有把握，有能力給她一個完整家庭的幸福，惜花連盆，所以我疼阿眞的孩子，可以讓阿眞

快樂、安心，孩子是不是我親生的，並沒那麼重要；我也相信，這段日子相處下來，孩子是喜歡我、不排斥我的。」

　　這番話阿眞媽聽了滿感動的，可是阿眞一朝被蛇咬，想西想東擔心很多。陳先生告訴阿眞：「人生苦短，爲什麼要在乎別人的眼光？妳自己上一段婚後的親身經歷，難道還不足以證明嗎？有血緣卻沒有愛的家庭，這樣的親子關係，就算生活在同一個屋簷下又如何？至於我父母，請妳等見過他們之後再下結論。當幸福來敲門的時候，妳至少要邁開步伐跨出去看看，究竟是柳暗花明又一村，還是海市蜃樓般不切實際。」

　　阿眞還是很遲疑不決。

　　「要不然妳就跟陳先生去看看他的父母。」阿眞媽敲著邊鼓：「我也很好奇，什麼樣的父母，會教出眼光跟一般世俗不一樣的兒子。」

　　跟著陳先生回到雲林純樸的小鎮，陳媽媽熱情的招呼阿眞：「阮是庄腳古意人，不過娶某愛娶好女德，這道理阮哉，其他年歲、外表啦，不是那麼重要，尪某鬥陣是歸世人，知人、知性卡實在啦！」

　　「在阮兜，傳統喔，卡會打算的查某人講的才算數，家有賢妻，做尪能蹺腳捻嘴鬚，多清閒，有什麼不好？」陳爸爸笑呵呵的拍著兒子的肩膀，陳先生頑皮的眨眨眼，阿真心裡暖洋洋的，幸福的決定權，為什麼要被不相干人所左右呢？陳先生牽起阿真的手，這次，阿真沒有閃躲，把自己和兩個孩子的未來，一起交在陳先生的大手中。

　　家庭的型態很多，原生家庭是一種，有夫妻結婚後不孕領養小孩成一家。再組合家庭，是各自有過婚姻帶著小孩，再婚一起生活，可能再生、也可能不生了；也有很多單親家庭，或由祖父母帶大的隔代教養家庭。

　　因此現在同住的家庭中，有可能是孩子跟祖父母、繼父繼母，或同父異母、同母異父手足同住，不論組成份子為何，能教育好子女，提供安全的環境，家庭氣氛有愛與照顧，感情融洽，便是一家人。新家庭或許沒有舊家庭的不良對待，但是新家庭也有待融入的課題。

　　社會對繼父母的刻板迷思。認為只能愛原生家庭的爸爸媽媽，將繼親家長，塑造成巫婆般的壞形象，阻擋孩子投入新家庭，與新家人相處，擴大了他們的焦慮與無所適從。家庭的變動並非大家所願，發生了不可抗拒的理由，

不是誰的錯，讓孩子在有愛的家庭中成長，將來他知道很多人愛他，會懂得感恩，長大後能照顧自己，也能照顧他人。

家家組成大不同的觀念打開了，但是，想要再婚的大人，在再婚前仍要多考慮的是：關係改變了，就有不同的期待與習慣正在進行，也需要更多的調適，新舊家庭間的界線不易拿捏。家庭成員感情重新再建立，也許需要些許時間的培養。

例如再婚的「人際關係」將更為複雜，很多朋友也許知道阿真婚姻不幸福，但不一定知道阿真離婚了，也可能不知道她又再婚了。怎麼跟朋友介紹新家人，怎麼簡要的交代這個過程，而不是每一次介紹都激動不已。

婚後的居住環境，對自己及子女會有影響，譬如可能要搬家、改變環境住所、到不同城市、轉學，也可能以前子女是跟媽媽一起睡，現在要重新改變房間，若孩子不習慣，阿真要花點時間，陪伴孩子適應。

與再婚對象協調財產的管理與分配，也應該要好好談清楚。坦白溝通對彼此昔日的婚姻問題，以及對未來雙方關係的期待。事前了解並溝通雙方的親子教養觀念，比方

阿真是否希望陳先生管教孩子,還是跟他說自己管就好,以免破壞繼親的親子關係。再婚也有再婚的問題,不是離開舊有的就一切沒事。然而,當緣分來敲門時,也請當機立斷,別再把幸福往外推了。

後記

感謝挫折，帶來重整

　　心理師也有人生，不是一開始就知道何去何從。

　　小時候，我的父母婚姻失和，國三那年他們離婚了。民國 70 年，我考進第一志願，學校中父母離婚的學生寥寥可數。大部分同學跟老師都會說：「看不出來妳……」意思就是說，離婚家庭的孩子，可能無法這麼上進或這麼優秀；似乎認為父母的失和，一定會給孩子負面的影響。高中同學再聚首時，陳述往事，就有人提到高中時，便聽說我以後要做像國外那種「幫人解決心事」的人。當時這個行業並不興盛，很幸運的，雖然是很早就立定的志向，而我堅持了這個理想，進入這個行業，一心一意，也沒後悔過。

說不受父母婚姻失敗影響，怎麼可能？

小時候一直很疑惑，為什麼爸媽他們有事不能好好談？其實那時沒有婚姻諮商這個專業，老一代的父母親只能靠著忍耐或靠其他的寄託過日子。而從小，立定要走心理學這一行，其實也是不想重蹈覆轍，所以把感情的事情，看得更認真；但後來發現，一個人的認真，頂多只能佔 50%。

沒想到他們各自再建立了新的家庭十年後，才能平靜看待對方，減少在孩子面前說對方的不是；這時我們也長大了，有自己的想法。如果父母互相砲聲隆隆，在孩子年齡更小時便烽火連天，孩子可能是無招架能力的，我猜影響必然更大，就不會有老師同學的「看不出來」。當我走進了這行，大量的觀摩、學習、自省與進修，才看懂父母親在關係不和中，付出很大的代價，他們身不由己、無處可說，也無法預料到這樣會影響到子女對婚姻的看法；因此我的兄姊都很早婚，而我，卻很晚婚。

一路在臺北成長，40 歲才走入臺南人的家庭，當工作及生活環境得南北轉移時，同事們看我待在北部固定的

地方生活已經那麼久，也習慣了，總是會替我擔心及猶豫。為了挑戰這個未知數，給了自己一年時間，認真的到臺南適應，先從一週 2-3 天試看看。這個適應期，感謝我的先生、公公、婆婆的歡迎與接納，讓我徹底感受到家庭的溫暖。有了強而有力的支持，在南部的開業工作，如打了強心針般，因此成為臺南的第一位開業心理師，而心理服務的業務，也大力往高屏拓展，深耕，放送。

其實，不用去特別羨慕別人

我們只看到別人的光鮮亮麗，沒看到他的苦。每每在不順遂的時候，我會把它想成「越過這座挫折的山，我會有什麼不一樣？」大家都有爬山的經驗，走得氣喘吁吁，到達目的地後，之前的累呼呼，轉眼變成美麗的風景，下山時踩著輕快的步伐，過一山是一山。

好的親密關係是逐漸培養的，要了解自己與對方的需求及相關背景，重要的是態度與過程的經驗。若是失敗，總有個原因；如果不成功，也不會全是損失。至少獲得了一個經驗，至少踏出過一步。

除非遇到的是「以愛為名」的危險因子，一開始就注定了不成功的結局，平心而論，若有這種狀況發生，需要長期的專業治療，不是「感情陪伴」就能改變。

「以愛為名」的危險因子

- 情緒不穩定，易怒衝動，自我控制力薄弱；合併濫交、飲酒、藥物濫用、自傷、以死要脅、從事危險行為、時常觸法、攻擊傷人等一項或多項行為。

- 罹患精神疾病，不服從醫囑，不規律治療，時好時壞。

- 過分強調自己的價值，不滿現狀，千錯萬錯都是他人的錯。自認懷才不遇，反抗制度、反抗老闆，時常更換工作，每項都做不久或長期處於無業狀態。

- 在很短的時間內就宣稱自己已深深愛上你，並且給你許多承諾與保證，可是，在你稍有猶豫之時便大發雷霆，無法忍受感情上的一些小挫折或一點質疑。

- 兩人處在資訊不對等的環境，除了甜言蜜語，難以判斷虛實。大部分透過網路結識的情侶，比較容易

出現這個狀況，世界只剩兩人的關聯，缺少參考點，易成為網路男蟲的啃食對象。

● 與家人時常起衝突，如同仇人，沒有和平的人際關係。

● 對方在過去的感情歷史中，複雜的性關係，經常有第三者的介入，難有一對一的承諾，也許已經有性成癮。

在感情的路上，請時時關照彼此，攜手面對當時的選擇與後來環境的變化，坦承自己的弱點與需求。真的走不下去時，請好好分手，給予彼此呼吸的空間，日後還有機會，寄望下一回合，而不是從此封閉、或激烈的寧為玉碎不為瓦全。

國家圖書館出版品預行編目(CIP)資料

男人的情字這條路 / 羅秋怡作.
-- 初版. --臺北市：大塊文化，2015.09
　面； 公分.-- (care；38)
　ISBN 978-986-213-623-2 (平裝)

　1.成人心理學 2.兩性關係

173.3　　　　　　　　　104013273

CARE

Good Care ,
Good Living

CARE
Good Care ,
Good Living